L.n 27/7 1797-8.

LETTRES

DE

MADAME LA BARONNE

DE STAAL,

FILLE DE M. NECKER.

Vous qui de ses écrits savez goûter les charmes,
Vous tous, qui lui devez des leçons & des larmes,
Pour prix de ces leçons & de ces pleurs si doux,
Cœurs sensibles, venez : je le confie à vous.
L'Abbé de Lille.

1 7 8 9.

PRÉFACE.

JE ne connois point d'éloge de Rousseau : j'ai senti le besoin de voir mon admiration exprimée. J'aurois souhaité sans doute qu'un autre eût peint ce que j'éprouve ; mais j'ai goûté quelque plaisir encore en me retraçant à moi-même le souvenir & l'impression de mon enthousiasme. J'ai pensé que si les hommes de génie ne pouvoient être jugés que par un petit nombre d'esprits supérieurs, ils devoient accepter tous les tributs de reconnoissance. Les ouvrages dont le bonheur du genre humain est le but, placent leurs auteurs au rang de ceux que leurs actions immortalisent; & quand on n'a pas vécu de leur temps, on peut être impatient de s'acquitter envers leur ombre, & de déposer sur leur tombe l'hommage que le sentiment de sa foiblesse même ne doit pas empêcher d'offrir.

Peut-être ceux dont l'indulgence daignera préfager quelque talent en moi, me reprocheront-ils de m'être hâtée de traiter un fujet au-deſſus même des forces que je pouvois eſpérer un jour. Mais qui fait ſi le temps ne nous ôte pas plus qu'il ne nous donne ? Qui peut oſer prévoir les progrès de ſon eſprit ? Comment conſentir à s'attendre, & renvoyer à l'époque d'un avenir incertain l'expreſſion d'un ſentiment qui nous preſſe ? Le temps ſans doute détrompe des illuſions, mais il porte quelquefois atteinte à la vérité même, & ſa main deſtructrice ne s'arrête pas toujours à l'erreur. N'eſt-ce pas auſſi dans la jeuneſſe qu'on doit à Rouſſeau le plus de reconnoiſſance ? Celui qui a ſu faire une paſſion de la vertu, qui a conſacré l'éloquence à la morale, & perſuadé par l'enthouſiaſme, s'eſt ſervi des qualités & des défauts mêmes de cet âge pour ſe rendre maître de lui.

LETTRES

DE

MADAME LA BARONNE

DE STAAL,

FILLE DE M. NECKER.

LETTRE PREMIERE.

Du style de Rousseau, & de ses premiers discours sur les sciences, l'inégalité des conditions & le danger des spectacles.

C'EST à l'âge de quarante ans que Rousseau composa son premier ouvrage ; il falloit que son cœur & son esprit fussent calmés, pour qu'il pût se consacrer au travail ; & tandis que la plupart des hommes ont befoin de faifir cette premiere flâmme de la jeuneffe, pour suppléer à la véritable chaleur, l'ame de Rouffeau étoit confumée par un feu qui le dévora long-temps avant de l'éclairer : des idées fans nombre le dominoient tour-à-tour, il n'en pouvoit fuivre aucune, parce qu'elles l'entraînoient toutes également. Il appartenoit trop aux objets extérieurs pour rentrer en lui-même ; il fentoit trop pour penfer ; il ne favoit pas vivre & réfléchir à la fois. Rouffeau s'eft donc voué à la méditation, quand les événemens de la vie ont eu moins d'empire fur lui, & lorfque fon ame, fans objet de paffion, a pu s'enflammer toute entiere pour des idées & des fentimens abftraits. Il ne travailloit ni avec rapidité, ni avec facilité ; mais c'étoit parce qu'il lui falloit, pour choifir entre toutes fes penfées, le temps & les efforts que les hommes médiocres emploient à tâcher d'en avoir : d'ailleurs fes fentimens font fi profonds, fes idées fi vaftes, qu'on fouhaite à son génie cette marche auguste & lente : le débrouillement du chaos, la création du monde, se peint à la pensée comme l'ouvrage d'une longue suite d'années, & la puissance de son auteur n'en paroît que plus imposante.

Le premier sujet que Rousseau a traité, c'est la question sur l'utilité des sciences & des arts. L'opinion qu'il a soutenue est certainement paradoxale ; mais elle est d'accord avec ses idées habituelles, & tous les ouvrages qu'il a donnés depuis, sont comme le développement du systême dont ce discours est le premier germe. On a trouvé dans tous ses écrits la passion de la nature, & la haine pour ce que les hommes y ont ajouté ; il semble que pour s'expliquer le mélange du bien & du mal, il l'avoit ainsi distribué. Il vouloit ramener les hommes à une sorte d'état, dont l'âge d'or de la fable donne seul l'idée, également éloigné des inconvéniens de la barbarie & de ceux de la civilisation. Ce projet sans doute est une

chimere; mais les alchimistes, en cherchant la pierre philosophale, ont découvert des secrets vraiment utiles. Rousseau, de même, en s'efforçant d'atteindre à la connoissance de la félicité parfaite, a trouvé sur sa route plusieurs vérités importantes. Peut-être en s'occupant de la question sur l'utilité des sciences & des arts, n'a-t-il pas assez observé tous les côtés de l'objet qu'il traitoit; peut-être a-t-il trop souvent lié les arts aux sciences, tandis que les effets des uns & des autres different entièrement. Peut-être, en parlant de la décadence des empires, suite naturelle des révolutions politiques, a-t-il eu tort de regarder les progrès des sciences comme une cause, tandis qu'il n'étoit qu'un événement contemporain: peut-être n'a-t-il pas assez distingué dans ce discours la félicité des hommes, de la prospérité des empires; car quand il seroit vrai que l'amour des connoissances auroit distrait les peuples guerriers de la passion des armes, le bonheur du genre
humain

humain n'y auroit pas perdu. Peut-être enfin, avant de décider cette queſtion, falloit-il mieux balancer les inconvéniens & les avantages des deux partis. C'eſt la ſeule maniere de parvenir à la vérité. Les idées morales ne ſont jamais aſſez préciſes pour ne pas offrir des reſſources à la controverſe : le bien & le mal ſe trouvent par-tout ; & celui qui ne ſe ſerviroit pas de la faculté de comparer & d'additionner, pour ainſi dire, l'un & l'autre, ſe tromperoit, ou reſteroit ſans ceſſe dans l'incertitude. C'eſt à la raiſon plutôt qu'à l'éloquence qu'il appartient de concilier des opinions contraires : l'eſprit montre une puiſſance plus grande, lorſqu'il ſait ſe retenir, ſe tranſporter d'une idée à l'autre. Mais il me ſemble que l'ame n'a toute ſa force qu'en s'abandonnant, & je ne connois qu'un homme qui ait ſu joindre la chaleur à la modération, ſoutenir avec éloquence des opinions également éloignées de tous les extrêmes, & faire éprouver pour la raiſon la paſſion qu'on n'avoit jufqu'alors infpirée que pour les fyftêmes.

Le fecond difcours de Rouffeau traite de l'origine de l'inégalité des conditions: c'eft peut-être de tous fes ouvrages, celui où il a mis le plus d'idées. C'eft un grand effort du génie de fe reporter ainfi aux fimples combinaifons de l'inftinct naturel. Les hommes ordinaires ne conçoivent pas ce qui eft au-deffus ni au-deffous d'eux; ils reftent fixés à leur horizon. On voit à chaque page combien Rouffeau regrette la vie fauvage: il avoit fon genre de mifanthropie, ce n'étoit pas les hommes, mais leurs inftitutions qu'il haïffoit: il vouloit prouver que tout étoit bien en fortant des mains du Créateur; mais peut-être devoit-il avouer que cette ardeur de connoître & de favoir étoit auffi un fentiment naturel, don du Ciel, comme toutes les autres facultés des hommes, moyens de bonheur, lorfqu'elles font exercées; tourment, quand elles font condamnées au repos: c'eft en vain qu'après avoir tout connu, tout senti, tout éprouvé, il s'écrie: „ N'allez pas plus „ avant; je reviens, & je n'ai rien vu „ qui valût la peine du voyage ". Chaque homme veut être à son tour détrompé, & jamais les desirs ne furent calmés par l'expérience des autres. Il est remarquable qu'un des hommes les plus sensibles & les plus distingués par ses connoissances & son génie, ait voulu réduire l'esprit & le cœur humain à un état presque semblable à l'abrutissement; mais c'est qu'il avoit senti plus qu'un autre toutes les peines que ces avantages, portés à l'excès, peuvent faire éprouver. C'est peut-être aux dépens du bonheur qu'on obtient ces succès extraordinaires, dus à des talens sublimes. La nature, épuisée par ces superbes dons, refuse souvent aux grands hommes les qualités qui peuvent rendre heureux. Qu'il est cruel de leur accorder avec tant de peine, de leur envier avec tant de fureur cette gloire, feule jouiffance qu'il foit peut-être en leur pouvoir de goûter !

Mais avec quelle fineffe Rouffeau fuit les progrès des idées des hommes ! comme il infpire de l'admiration pour les premiers pas de l'efprit humain, & de l'étonnement pour le concours de circonftances qui pût les lui faire faire ! comme il trace la route de la penfée, compofe fon hiftoire, & fait un effort d'imagination intellectuelle, de création abftraite au-deffus de toutes les inventions d'événemens & d'images dont les poëtes nous ont donné l'idée ! comme il fait, au milieu de ces fyftêmes, exagérés peut-être, infpirer de juftes fentimens de haine pour le vice, & d'amour pour la vertu ! Il eft vrai, fes idées pofitives, comme celles de Montefquieu, ne montrent pas à la fois le mal & le remede, le but & les moyens ; il ne fe charge pas d'apprendre à exécuter fa penfée ; mais il agit fur l'ame, & remonte ainfi plus haut à la premiere fource. On a fouvent vanté la perfection du style de Rousseau ; je ne sais pas si c'est là précisément l'éloge qu'il faut lui donner : la perfection semble consister plus encore dans l'absence des défauts, que dans l'existence de grandes beautés ; dans la mesure, que dans l'abandon ; dans ce qu'on est toujours, que dans ce qu'on se montre quelquefois ; enfin la perfection donne l'idée de la proportion plutôt que de la grandeur. Mais Rousseau s'éleve & s'abaisse tour-à-tour ; il est tantôt au-dessous, tantôt au-dessus de la perfection même ; il rassemble toute sa chaleur dans un centre, & réunit pour brûler, tous les rayons qui n'eussent fait qu'éclairer, s'ils étoient restés épars. Ah ! si l'homme n'a jamais qu'une certaine mesure de force, j'aime mieux celui qui les emploie toutes à la fois ; qu'il s'épuise s'il le faut, qu'il me laisse retomber, pourvu qu'il m'ait une fois élevé jusqu'aux cieux. Cependant Rousseau joignant à la chaleur & au génie, ce qu'on appelle précisément de l'esprit, cette faculté de saisir des rapports fins & éloignés, qui, sans reculer les bornes de la pensée, trace de nouvelles routes dans les pays qu'elle a déjà parcourus ; qui, sans donner du mouvement au style, l'anime cependant par des contrastes & des oppositions ; Rousseau remplit souvent, par des pensées ingénieuses, les intervalles de son éloquence, & retient ainsi toujours l'attention & l'intérêt des lecteurs. Une grande propriété de termes, une simplicité remarquable dans la construction grammaticale de sa phrase, donnent à son style une clarté parfaite : son expression rend fidelement sa pensée ; mais le charme de son expression, c'est à son ame qu'il le doit. M. de Buffon colore son style par son imagination ; Rousseau l'anime par son caractere ; l'un choisit les expressions ; elles échappent à l'autre. L'éloquence de M. de Buffon ne peut appartenir qu'à un homme de génie ; la passion pourroit élever à celle de Rousseau. Mais quel plus bel éloge peut-on lui donner, que de lui trouver, presque toujours & sur tant de sujets, la chaleur que le transport de l'amour, de la haine, ou d'autres passions, peuvent inspirer une fois dans la vie à celui qui les ressent ? Son style n'est pas continuellement harmonieux ; mais dans les morceaux inspirés par son ame, on trouve, non cette harmonie imitative dont les poëtes ont fait usage, non cette suite de mots sonores, qui plairoit à ceux même qui n'en comprendroient pas le sens ; mais, s'il est permis de le dire, une sorte d'harmonie naturelle, accent de la passion, & s'accordant avec elle, comme un air parfait avec les paroles qu'il exprime. Il a le tort de se servir souvent d'expressions de mauvais goût ; mais on voit au moins, par l'affectation avec laquelle il les emploie, qu'il connoît bien les critiques qu'on peut en faire : il se pique de forcer ses lecteurs à les approuver ; & peut-être aussi que par une sorte d'esprit républicain, il ne veut point reconnoître qu'il existe des termes bas ou relevés, des rangs même entre les mots ; mais s'il hasarde des expressions que le goût rejeteroit, comme il a su se le concilier par des morceaux entiers, parfaits sous tous les rapports, celui qui s'affranchit des regles, après avoir su si bien s'y soumettre, prouve au moins qu'il ne les blâme pas par impuissance de les suivre.

Un des discours de Rousseau qui m'a le plus frappé, c'est sa lettre contre l'établissement des spectacles à Geneve. Il y a une réunion étonnante de moyens de persuasion, la logique & l'éloquence, la passion & la raison. Jamais Rousseau ne s'est montré avec autant de dignité ; l'amour de la patrie, l'enthousiasme de la liberté, l'attachement à la morale, guident & animent sa pensée. La cause qu'il soutient, sur-tout appliquée à Geneve, est parfaitement juste ; tout l'esprit qu'il met quelquefois à soutenir un paradoxe, est consacré dans cet ouvrage à appuyer la vérité ; aucun de ses efforts n'est perdu, aucun de ses mouvemens ne porte à faux :

faux; il a toutes les idées que fon fujet peut faire naître, toute l'élévation, la chaleur qu'il doit exciter : c'eſt dans cet ouvrage qu'il établit ſon opinion ſur les avantages qui doivent réſulter pour les hommes & les femmes, de ne pas ſe voir ſouvent en ſociété : ſans doute dans une république cet uſage eſt préférable. L'amour de la patrie eſt un mobile ſi puiſſant, qu'il rend les hommes indifférens, même à ce que nous appelons la gloire : mais dans les pays où le pouvoir de l'opinion affranchit ſeul de la puiſſance du maître, les applaudiſſemens & les ſuffrages des femmes deviennent un motif de plus d'émulation dont il eſt important de conſerver l'influence. Dans les républiques, il faut que les hommes gardent juſqu'à leurs défauts mêmes; leur âpreté, leur rudeſſe fortifient en eux la paſſion de la liberté. Mais ces mêmes défauts dans un royaume abſolu rendroit ſeulement tyran tous ceux qui pourroient exercer quelque pouvoir. D'ailleurs je hasarderai de dire que dans une monarchie, les femmes conservent peut-être plus de sentiment d'indépendance & de fierté que les hommes : la forme des gouvernemens ne les atteint point ; leur esclavage toujours domestique est égal dans tous les pays : leur nature n'est donc pas dégradée, même dans les états despotes ; mais les hommes, créés pour la liberté civile, quand ils s'en sont ravi l'usage, se sentent avilis & tombent souvent alors au-dessous d'eux-mêmes. Quoique Rousseau ait tâché d'empêcher les femmes de se mêler des affaires publiques, de jouer un rôle éclatant, qu'il a sû leur plaire en parlant d'elles ! ah ! s'il a voulu les priver de quelques droits étrangers à leur sexe, comme il leur a rendu tous ceux qui lui appartiennent à jamais ! S'il a voulu diminuer leur influence sur les délibérations des hommes, comme il a consacré l'empire qu'elles ont sur leur bonheur ! S'il les a fait descendre d'un trône usurpé, comme il les a re-

placées fur celui que la nature leur a deſ-
tiné ! S'il s'indigne contre elles , lorſqu'elles veulent reſſembler aux hommes,
combien il les adore, quand elles ſe pré-
ſentent à lui avec les charmes , les foi-
bleſſes , les vertus & les torts de leur
ſexe ! Enfin il croit à l'amour ; ſa grace
eſt obtenue : qu'importe aux femmes que
ſa raiſon leur diſpute l'empire, quand ſon
cœur leur eſt ſoumis ; qu'importe même
à celles que la nature a douées d'une ame
tendre , qu'on leur raviſſe le faux honneur de gouverner celui qu'elles aiment ?
non , elles préferent de ſentir ſa ſupériorité , de l'admirer, de le croire mille fois
au-deſſus d'elles , de dépendre de lui ,
parce qu'elles l'adorent ; de ſe ſoumettre
volontairement , d'abaiſſer tout à ſes
pieds , d'en donner elles-mêmes l'exemple , & de ne demander d'autre retour
que celui du cœur, dont en aimant ,
elles ſe ſont rendues dignes. Cependant
le ſeul tort qu'au nom des femmes je
reprocherois à Rouſſeau , c'eſt d'avoir

avancé, dans une note de fa lettre fur les fpectacles, qu'elles ne font jamais capables des ouvrages qu'il faut écrire avec de l'âme ou de la paffion. Qu'il leur refufe, s'il le veut, ces vains talens littéraires, qui, loin de les faire aimer des hommes, les mettent en lutte avec eux; qu'il leur refufe cette puiffante force de tête, cette profonde faculté d'attention dont les grands génies font doués : leurs foibles organes s'y oppofent, & leur cœur, trop fouvent occupé par leurs fentimens & par leur malheur, s'empare fans ceffe de leur penfée, & ne la laiffe pas fe fixer fur des méditations étrangeres à leur idée dominante ; mais qu'il ne les accufe pas de ne pouvoir écrire que froidement, de ne favoir pas même peindre l'amour. C'eft par l'ame, l'ame feule qu'elles font diftinguées ; c'eft elle qui donne du mouvement à leur efprit, c'eft elle qui leur fait trouver quelque charme dans une deftinée, dont les fentimens font les feuls événemens, & les affections les seuls intérêts ; c'est elle qui les identifie au fort de ce qu'elles aiment, & leur compose un bonheur dont l'unique source est la félicité des objets de leur tendresse ; c'est elle enfin qui leur tient lieu d'instruction & d'expérience, & les rend dignes de sentir ce qu'elles sont incapables de juger. Sapho, seule entre toutes les femmes, dit Rousseau, a su faire parler l'amour. Ah ! quand elles rougiroient d'employer ce langage brûlant, signe d'un délire insensé, plutôt que d'une passion profonde, elles sauroient du moins exprimer ce qu'elles éprouvent ; & cet abandon sublime, cette mélancolique douleur, ces sentimens tout puissans, qui les font vivre & mourir, porteroient peut-être plus avant l'émotion dans le cœur des lecteurs, que tous les transports nés de l'imagination exaltée des poëtes ou des amans.

LETTRE II.

D'Héloïse.

LA profondeur des pensées, l'énergie du style, font sur-tout le mérite & l'éclat des divers discours dont j'ai parlé dans ma lettre précédente; mais on y trouve aussi des mouvemens de sensibilité, qui caractérisent d'avance l'auteur d'Héloïse. C'est avec plaisir que je me livre à me retracer l'effet que cet ouvrage a produit sur moi: je tâcherai sur-tout de me défendre d'un enthousiasme qu'on pourroit attribuer à la disposition de mon ame, plus qu'au talent de l'auteur. L'admiration véritable inspire le desir de faire partager ce qu'on éprouve; on se modere pour persuader, on ralentit ses pas afin d'être suivi. Je me transporterai donc à quelque distance des impressions que j'ai reçues, & j'écrirai sur Héloïse, comme je le ferois, si le temps avoit vieilli mon cœur.

Un roman peut être une peinture des mœurs & des ridicules du moment, ou un jeu de l'imagination, qui rassemble des événemens extraordinaires pour captiver l'intérêt de la curiosité, ou une grande idée morale mise en action & rendue dramatique : c'est dans cette dernière classe qu'il faut mettre Héloïse. Il paroît que le but de l'auteur étoit d'encourager au repentir, par l'exemple de la vertu de Julie, les femmes coupables de la même faute qu'elle. Je commence par admettre toutes les critiques que l'on peut faire sur ce plan. On dira qu'il est dangereux d'intéresser à Julie ; que c'est répandre du charme sur le crime, & que le mal que ce roman peut faire aux jeunes filles encore innocentes, est plus certain que l'utilité dont il pourroit être à celles qui ne le sont plus. Cette critique est vraie. Je voudrois que Rousseau n'eût peint Julie coupable que par la passion de son cœur. Je vais plus loin ; je pense que c'est pour les cœurs purs seuls qu'il faut écrire la morale ; d'abord, peut-être perfectionne-t-elle plutôt qu'elle ne change, guide-t-elle plutôt qu'elle ne ramene ; mais d'ailleurs quand elle est destinée aux ames honnêtes, elle peut servir encore à celles qui ont cessé de l'être. Combien on fait rougir d'une grande faute, en peignant les remords & les malheurs que de plus légeres doivent causer ? Il me semble aussi que l'indulgence est la seule vertu qu'il est dangereux de prêcher, quoiqu'il soit si utile de la pratiquer. Le crime abstraitement, doit exciter l'indignation. La pitié ne peut naître que de l'intérêt qu'inspire le coupable ; l'austérité doit être dans la morale, & la bonté dans son application. J'avoue donc, avec les censeurs de Rousseau, que le sujet de Clarisse & de Grandisson est plus moral ; mais la véritable utilité d'un roman est dans son effet bien plus que dans son plan, dans les sentimens qu'il inspire, bien plus que dans les événemens qu'il raconte. Pardonnons

à

à Rousseau, si à la fin de cette lecture, on se sent plus animé d'amour pour la vertu, si l'on tient plus à ses devoirs, si les mœurs simples, la bienfaisance, la retraite, ont plus d'attraits pour nous. Cessons de condamner ce roman, si telle est l'impression qu'il laisse dans l'ame. Rousseau lui-même a paru penser que cet ouvrage étoit dangereux ; il a cru qu'il n'avoit écrit en lettre de feu que les amours de Julie, & que l'image de la vertu, du bonheur tranquille de madame de Wolmar, paroîtroit sans couleur auprès de ces tableaux brûlans. Il s'est trompé ; son talent de peindre se retrouve partout ; & dans ses fictions comme dans la vérité, les orages des passions & la paix de l'innocence agitent & calment successivement.

C'est un ouvrage de morale que Rousseau a eu intention d'écrire ; il a pris, pour le faire, la forme d'un roman : il a peint le sentiment, qui domine dans ce genre d'ouvrage ; mais s'il est vrai qu'on

D

ne peut émouvoir les hommes fans le reffort d'une paffion ; s'il eft vrai qu'il en eft peu qui s'enflamment par la penfée, s'élevent par fa puiffance à l'enthoufiafme de la vertu, fans qu'aucun fentiment étranger à elle ait donné du charme & de la vie à cet amour abftrait de la perfection ; fi le langage des anges ne fait plus effet fur les hommes, un ange même ne devroit-il pas y renoncer ! s'il faut, pour ainfi dire, entraîner les hommes à la vertu ; fi leur imperfection force à recourir, pour les intéreffer, à l'éloquence d'une paffion, faut-il blâmer Rouffeau d'avoir choifi l'amour ? Quel autre eût été plus près de la vertu même ? Seroit-ce l'ambition ? toujours la haine & l'envie l'accompagnent : l'ardeur de la gloire ? ce fentiment n'eft pas fait pour tous les hommes, il n'eft pas même entendu par ceux qui ne l'ont jamais éprouvé. Quel théâtre & quel talent ne faut-il pas à cette paffion ! à qui l'infpipirer, fi ce n'eft à ceux que rien ne peut empêcher de la ressentir ! Que font les livres au petit nombre d'hommes qui devancent l'esprit humain ? Non, l'amour seul pouvoit intéresser universellement, remplir tous les cœurs, & se proportionner à leur énergie ; l'amour seul enfin pouvoit devenir un mobile aussi puissant qu'utile, lorsque Rousseau le dirigeoit.

Peut-être que dans les premiers temps, les hommes ne connoissoient d'autres vertus que celles qui naissent de l'amour. L'amour peut quelquefois donner toutes celles que la religion & la morale prescrivent. L'origine est moins céleste ; mais il seroit possible de s'y méprendre : quand l'objet de son culte vertueux, bientôt on le devient soit-même ; un suffit pour qu'il y en ait deux. On est vertueux, quand on aime ce qu'on doit aimer ; involontairement on fait ce que le devoir ordonne : enfin cet abandon de soi-même, ce mépris pour tout ce que la vanité fait rechercher, prépare l'ame à la vertu lorsque l'amour sera éteint, elle y régnera seule : quand on s'est accoutumé à ne mettre de valeur à soi qu'à cause d'un autre, quand on s'est une fois entièrement détaché de soi, on ne peut plus s'y reprendre, & la piété succède à l'amour. C'est là l'histoire la plus vraisemblable du cœur.

La bienfaisance & l'humanité, la douceur & la bonté, semblent aussi appartenir à l'amour. On s'intéresse aux malheureux ; le cœur est toujours disposé à s'attendrir : il est comme ces cordes tendues, qu'un souffle fait résonner. L'amant aimé est à-la-fois étranger à l'envie & indifférent aux injustices des hommes ; leurs défauts ne l'irritent point, parce qu'ils ne le blessent pas ; il les supporte, parce qu'il ne les sent pas : sa pensée est à sa maîtresse ; sa vie est dans son cœur : le mal qu'on lui fait ailleurs, il le pardonne, parce qu'il l'oublie ; il est généreux sans effort. Loin de moi cependant de comparer cette vertu du moment avec la véritable ; loin de moi sur-tout de lui accorder la même estime. Mais, je le répete encore, puisqu'il faut intéresser l'ame par les sentimens pour fixer l'esprit sur les pensées, puisqu'il faut mêler la passion à la vertu pour forcer à les écouter toutes deux, est-ce Rousseau qu'il faut blâmer ; & l'imperfection des hommes ne lui faisoit-il pas une loi des torts dont on le blâme ?

Je sais qu'on lui reproche d'avoir peint un précepteur qui séduit la pupille qui lui étoit confiée ; mais j'avouerai que j'ai fait à peine cette réflexion en lisant la nouvelle Héloïse. D'abord il me semble qu'on voit clairement que cette circonstance n'a pas frappé Rousseau lui-même ; qu'il l'a prise de l'ancienne Héloïse ; que toute la moralité de son roman est dans l'histoire de Julie, & qu'il n'a songé à peindre Saint-Preux que comme le plus passionné des hommes. Son ouvrage est pour les femmes ; c'est pour elles qu'il est fait ; c'est à elles qu'il peut nuire ou servir.

N'est-ce pas d'elles que dépend tout le fort de l'amour ? Je conviens que ce roman pourroit égarer un homme dans la position de Saint-Preux : mais le danger d'un livre est dans l'expression des sentimens qui conviennent à tous les hommes, bien plus que dans le récit d'un concours d'événemens qui, ne se retrouvant peut-être jamais, n'autorisera jamais personne. Saint-Preux n'a point le langage ni les principes d'un corrupteur ; Saint-Preux étoit rempli de ces idées d'égalité, que l'on retrouve encore en Suisse ; Saint-Preux étoit du même âge que Julie. Entraînés l'un avec l'autre, ils se rencontroient malgré eux : Saint-Preux n'employoit d'autres armes que la vérité & l'amour ; il n'attaquoit pas ; il se montroit involontairement. Saint-Preux avoit aimé avant de vouloir l'être ; Saint-Preux avoit voulu mourir, avant de risquer de troubler la vie de ce qu'il aimoit ; Saint-Preux combattoit sa passion : c'est-là la vertu des hommes ; celle des femmes est d'en triompher. Non, l'exemple de Saint-Preux n'est point immoral; mais celui de Julie pouvoit l'être. La situation de Julie se rapproche de toutes celles que le cœur fait naître; & le tableau de ces torts pourroit être dangereux, si ses remords & la suite de sa vie n'en détruisoient pas l'effet; si dans ce roman la vertu n'étoit pas peinte en traits aussi ineffaçable que l'amour.

Le tableau d'une passion violente est sans doute dangereux; mais l'indifférence & la légéreté avec laquelle d'autres auteurs ont traité les principes, supposent bien plus de corruption de mœurs, & y contribuent davantage. Julie coupable insulte moins à la vertu, que celle même qui la conserve sans y mettre de prix, qui n'y manque pas par calcul & l'observe sans l'aimer. Si l'indulgence étoit reservée à l'excès de la passion, l'exerceroit-on souvent? faudroit-il désespérer du cœur qui l'auroit éprouvé? Non, son ame égarée pourroit encore retrouver toute son énergie; mais n'attendez rien de celle qui s'est dégoûtée de la vertu, qui s'est corrompue lentement ; tout ce qui arrive par degré est irremédiable.

Peut-être Rousseau s'est-il laissé aller à l'impulsion de son ame & de son talent : il avoit le besoin d'exprimer ce qu'il y a de plus violent au monde, la passion & la vertu en contraste & réunies. Mais voyez comme il a respecté l'amour conjugal ! peut-être que, suivant le cours habituel de ses pensées, il a voulu attaquer, par l'exemple des malheurs de Julie & de l'inflexible orgueil de son pere, les préjugés & les institutions sociales. Mais comme il révere le lien auquel la nature nous destine ! comme il a voulu prouver qu'il est fait pour rendre heureux, qu'il peut suffire au cœur, lors même qu'il a connu d'autres délices ! Qui oseroit se refuser à sa morale ? Est-il étranger aux passions ? méconnoît-il leur empire ? a-t-il acquis le droit de parler aux ames tendres, & de leur apprendre quels sont les sacrifices qui sont en leur puissance ? Qui oseroit répondre qu'ils sont impossibles, lorsque

que Rousseau nous apprend que la plus passionnée des femmes, que Julie en a été capable; qu'elle a pu trouver le bonheur dans l'accomplissement de ses devoirs, & ne s'en est plus écartée jusqu'au dernier moment de sa vie ? On se croit dispensé de ressembler aux héroïnes parfaites; on auroit honte de n'avoir pas même les vertus d'une femme coupable.

Nos usages retiennent les jeunes filles dans les couvens. Il n'est pas même à craindre que ce roman les éloigne des mariages de convenance. Elles ne dépendent jamais d'elles; tout ce qui les environne s'occupe à défendre leur cœur d'impressions sensibles; la vertu, & souvent aussi l'ambition de leurs parens veillent sur elles. Les hommes mêmes, bizarres dans leurs principes, attendent qu'elles soient mariées pour leur parler d'amour. Tout change autour d'elles à cette époque; on ne cherche pas à leur exalter la tête par des sentimens romanesques, mais à leur flétrir le cœur par de froides plaisanteries sur tout ce qu'elles avoient appris à respecter. C'est alors qu'elles doivent lire Héloïse ; elles sentiront d'abord en lisant les lettres de Saint-Preux, combien ceux qui les environnent sont loin du crime même de les aimer ; elles verront ensuite combien le nœud du mariage est sacré ; elles apprendront à connoître l'importance de ses devoirs, le bonheur qu'ils peuvent donner, lors même que le sentiment ne leur prête point ses charmes. Qui jamais l'a senti plus profondément que Rousseau ? quelle preuve plus frappante pouvoit-il en offrir ?

S'il eût peint deux amans que la destinée auroit réunis, dont toute la vie seroit composée de jours dont l'attente d'un seul eût autrefois suffi pour embellir un long espace de l'année ; qui, faisant ensemble la route de la vie, seroient indifférens sur les pays qu'ils parcouroient; qui adoreroient dans leur enfant une image chérie ; un être dans lequel leurs ames se sont réunies, leurs vies se sont confondues ; qui accompliroient tous leurs devoirs comme s'ils cédoient à tous leurs mouvemens ; pour qui le charme de la vertu se seroit joint à l'attrait de l'amour, la volupté du cœur aux charmes de l'innocence : la piété attacheroit encore ces deux époux l'un à l'autre ; ensemble ils remercieroient l'Etre suprême. Le bonheur permet-il d'être athée ? Il est des bienfaits si grands, qu'ils donnent le besoin de la reconnoissance ; il est des bienfaits dont il seroit si cruel de ne pas jouir toujours, que le cœur cherche à se reposer sur des espérances sensibles : le hasard est une idée trop aride, qui n'a jamais pu rassurer une ame tendre. Ce ne seroit plus comme autrefois, par un lien secret, inconnu, qu'ils tiendroient l'un à l'autre ; c'est à la face des hommes, c'est devant Dieu qu'ils auroient formé ce nœud que rien ne pourroit plus rompre ; leur nom, leurs enfans, leur demeure, tout leur rappelleroit leur bonheur, tout leur annonceroit sa durée; chaque instant feroit naître une nouvelle jouissance. Que de détails de bonheur dans une union intime ! Ah ! si, pour nous faire adorer ce lien respectable, Rousseau nous eût peint une telle union, sa tâche eût été facile ; mais est-ce la vertu qu'il eût prêchée ? est-ce une leçon qu'il eût donnée ? auroit-il été utile aux hommes, en excitant l'envie des malheureux, en n'apprenant aux heureux que ce qu'ils savent ? Non, c'est un plan plus moral qu'il a suivi.

Il a peint une femme mariée malgré elle, ne tenant à son époux que par l'estime, portant au fond du cœur & le souvenir d'un autre bonheur, & l'amour d'un autre objet ; passant sa vie entiere, non dans ce tourbillon du monde, qui peut faire oublier & son époux & son amant ; qui ne permet à aucune pensée, à aucun sentiment de dominer en nous ; éteint toutes les passions, & rétablit le calme par la confusion, & le repos par l'agitation ; mais dans une retraite abso̵lue, seule avec M. de Wolmar, à la campagne, près de la nature, & disposée par elle à tous les sentimens du cœur qu'elle inspire ou retrace. C'est dans cette situation que Rousseau nous peint Julie, se faisant par la vertu une félicité à elle ; heureuse par le bonheur qu'elle donne à son époux, heureuse par l'éducation qu'elle destine à ses enfans, heureuse par l'effet de son exemple sur ce qui l'entoure, heureuse par les consolations qu'elle trouve dans sa confiance en son Dieu. C'est un autre bonheur sans doute que celui que je viens de peindre ; il est plus mélancolique ; on peut le goûter & verser encore quelquefois des larmes : mais c'est un bonheur plus fait pour des êtres passagers sur la terre qu'ils habitent ; on en jouit, sans le regretter quand on le perd ; c'est un bonheur habituel, qu'on possède tout entier, sans que la réflexion ni la crainte lui ôtent rien ; un bonheur, enfin, dans lequel les ames pieuses trouvent toutes les délices que l'amour promet aux autres : c'est ce sentiment si pur, peint avec tant de charmes, qui rend ce roman moral ; c'est ce sentiment qui en eût fait le plus moral de tous, si Julie nous eût offert en tous temps, non, comme disent les anciens, le spectacle de la vertu aux prises avec le malheur, mais avec la passion, bien plus terrible encore, & si cette vertu pure & sans tache n'eût pas perdu de son charme en ressemblant au repentir.

Je sais aussi que l'impression du tableau de la vie domestique de Madame de Wolmar, pourroit être détruite par le reproche qu'on lui fait d'avoir consenti à se marier : mais malheur à celle qui se croiroit le courage de ne pas l'imiter ! Les droits, les volontés d'un pere peuvent être oubliés loin de lui ; la passion présente efface tous les souvenirs ; mais un pere à genoux plaidant lui-même sa cause; sa puissance, augmentée par sa dépendance volontaire ; son malheur, en op-

ofition avec le nôtre ; la priere, lorſ-
l'on attendoit la force, qui peut réſiſter
ce ſpectacle ? il ſuſpend l'amour même.
n pere qui parle comme un ami, qui
neut à la fois le cœur & la nature, eſt
uverain de l'ame, & peut tout obtenir.
reſte encore à juſtifier Julie de ne pas
oir avoué ſa faute à M. de Wolmar. La
véler avant ſon mariage, c'étoit tenter
ı moyen ſûr de le rendre impoſſible ;
étoit tromper ſon pere. Après qu'un lien
diſſoluble l'eut attaché à M. de Wolmar,
étoit riſquer le bonheur de ſon époux,
ıe de lui faire perdre l'eſtime qu'il avoit
ɔur elle. Je ne ſais pas ſi le ſacrifice de
délicateſſe, même au repos d'un au-
e, n'eſt pas digne d'une grande admi-
tion ; les vertus qui ne different pas des
ces aux yeux des hommes, ſont les
us difficiles à exercer. Se confier dans
pureté de ſes intentions ; s'élever au-
ſſus de l'opinion, n'eſt-ce pas là le ca-
ctere d'un amour déſintéreſſé pour ce
ıi eſt bien ? Cependant, comme j'ai-

merois le mouvement qui porteroit à tout avouer! Je le retrouve avec plaifir dans Julie, & j'applaudis à Rouffeau, qui a penfé que ce n'étoit pas affez d'oppofer dans la même perfonne la réflexion au penchant ; mais qu'il falloit encore que ce fût un autre, que ce fût Claire qui fe chargeât de détourner Julie de découvrir fa faute à M. de Wolmar, afin que Julie confervât tout le charme de l'abandon & parût plutôt arrêtée, que capable de fe retenir. Quelle que foit fur ce point l'opinion générale, au moins il eft vrai que quand Rouffeau fe trompe, c'eft prefque toujours en s'attachant à une idée morale, plutôt qu'à une autre : c'eft entre les vertus qu'il choifit, & la préférence qu'il donne, peut feule être attaquée ou défendue.

Mais comment admirer affez l'éloquence & le talent de Rouffeau ? Quel ouvrage que ce roman! quelles idées fur tous les fujets font éparfes dans ce livre ! Il paroît que Rouffeau n'avoit pas l'imagination

gination qui fait inventer une fucceffion d'événemens nouveaux ; mais combien les fentimens & les penfées fuppléent à la variété des fituations ! ce n'eft plus un roman , ce font des lettres fur des fujets différens ; on y découvre celui qui doit faire Emile & le contrat focial : c'eft ainfi que les Lettres Perfanes annoncent l'Efprit des lois. Plufieurs écrivains célebres ont mis de même dans leur premier ouvrage le germe de tous les autres. On commence par penfer fur tout , on parcourt tous les objets , avant de s'affujettir à un plan , avant de fuivre une route : dans la jeuneffe, les idées viennent en foule : on a peut-être dès-lors toutes celles qu'on aura ; mais elles font encore confufes : on les met en ordre enfuite , & leur nombre augmente aux yeux des autres ; on les domine , on les foumet à la raifon , & leur puiffance devient en effet plus grande.

Quelle belle lettre pour & contre le fuïcide ! quel puiffant argument de métaphyfique & de penſée ! Celle qui condamne le ſuïcide eſt inférieure à celle qui le défend, ſoit que l'horreur naturelle & l'inſtinct de la conſcience faſſent la force de cette ſage opinion, plus que le raiſonnement même, ſoit que Rouſſeau ſe ſentît né pour être malheureux, & craignît de s'ôter ſa derniere reſſource en ſe perſuadant lui-même.

Quelle lettre ſur le duel ! comme il a combattu ce préjugé en homme d'honneur ! comme il a reſpecté le courage ! comme il a ſenti qu'il falloit en être enthouſiaſte pour avoir le droit de le blâmer, & lui parler à genoux pour pouvoir l'arrêter ! C'eſt Julie, je le ſais, qui écrit cette lettre ; mais c'eſt le tort de Rouſſeau, comme auteur du roman, c'eſt ſon mérite, comme écrivain penſeur, de faire parler toujours Julie comme s'il eût parlé lui-même.

Je l'avouerai cependant, ſouvent je n'aime pas à reconnoître Rouſſeau dans Julie ; je voudrois y trouver les idées, mais non le caractere d'un homme. La convenance, la modeſtie d'une femme, d'une femme même coupable, y manquent dans pluſieurs lettres: la pudeur ſurvit encore au crime, quand la paſſion l'a fait commettre. Il me ſemble auſſi que ſes ſermons continuels à St-Preux ſont déplacés; une femme coupable peut encore aimer la vertu; mais il ne lui eſt plus permis de la prêcher: c'eſt avec un ſentiment de triſteſſe & de regret que ce mot doit ſortir de ſa bouche. Je ne retrancherois rien à la morale de Julie; mais je voudrois qu'elle ſe l'adreſſât à elle-même, & que le ſpectacle de ſon repentir fût le ſeul moyen qu'elle crût avoir le droit d'employer pour ramener ſon amant à la vertu. Je ne puis ſupporter le ton de ſupériorité qu'elle conſerve avec Saint-Preux: une femme eſt audeſſous de ſon amant quand il l'a rendue coupable: les charmes de ſon ſexe lui reſtent; mais ſes droits ſont perdus; elle peut entraîner, mais elle ne doit plus commander.

On a souvent agité s'il étoit dans la nature que Julie sacrifiât le seul rendez-vous qu'elle croyoit pouvoir donner à Saint-Preux, au desir d'obtenir le congé de Claude Anet. Je crois possible qu'un acte de bienfaisance l'emporte dans son cœur, sur le bonheur de voir son amant; il peut être dans la nature de ne pas être arrêté par le premier des devoirs, & de céder à la pitié; c'est un mouvement qui tient de la passion, qui agit comme elle à l'instant & directement sur le cœur; il lutte avec plus de succès contre elle, que les plus importantes réflexions sur l'honneur & la vertu. Mais je trouve quelquefois dans cet ouvrage des idées bizarres en sensibilité, & je crois qu'elles viennent toutes de la tête, car le cœur n'est peut plus rien inventer: il peut se servir d'expressions nouvelles; mais tous ses mouvemens, pour être vrais, doivent être connus; car c'est par-là que tous les hommes se ressemblent. Je ne puis supporter, par exemple, la méthode que Julie met quelquefois dans sa passion ; enfin tout ce qui, dans ses lettres, semble prouver qu'elle est encore maîtresse d'elle-même, & qu'elle prend d'avance la résolution d'être coupable. Quand on renonce aux charmes de la vertu, il faut au moins avoir tous ceux que l'abandon du cœur peut donner. Rousseau s'est trompé, s'il a cru, suivant les regles ordinaires, que Julie paroîtroit plus modeste en se montrant moins passionnée ; non : il falloit que l'excès même de cette passion fût son excuse, & ce n'est qu'en peignant la violence de son amour qu'il diminuoit l'immoralité de la faute que l'amour lui faisoit commettre.

Il me reste encore une critique à faire : je me hâte ; elles m'importunent. Les plaisanteries de Claire manquent à mes yeux, presque toujours, de goût comme de grace : il faut, pour atteindre à la perfection de ce genre, avoir acquis à

Paris, cette espece d'instinct qui rejette, sans s'en rendre même raison, tout ce que l'examen le plus fin condamneroit ; c'est à son propre tribunal qu'on peut juger si un sentiment est vrai, si une pensée est juste; mais il faut avoir une grande habitude de la société pour prévoir sûrement l'effet d'une plaisanterie. D'ailleurs Rousseau étoit l'homme du monde le moins propre à écrire gaiement : tout le frappoit profondément. Il attachoit les plus grandes pensées aux plus petits événemens, les sentimens les plus profonds, aux aventures les plus indifférentes ; & la gaieté fait le contraire. Habituellement malheureux, celle du caractere lui manquoit, & son esprit n'étoit pas propre à y suppléer : enfin, il est tellement fait pour la passion & pour la douleur, que sa gaieté même conserve toujours un caractere de contrainte ; on s'apperçoit que c'est avec effort qu'il est parvenu : il n'en a pas la mesure, parce qu'il n'en a pas le sentiment, & les nuages de la tristesse obfcurciffent, malgré lui, ce qu'il croit des rayons de joie. Ah ! qu'il pouvoit aifément renoncer à ce genre, fi peu digne d'admiration ! Quelle éloquence ! quel talent que le fien pour tranfmettre & communiquer les plus violens mouvemens de l'ame !

Des idées de deftin, de fort inévitable, de courroux des Dieux, diminuent l'intérêt de Phedre & de tous les amours peints par les anciens : l'héroïfme & la galanterie chevalerefque, font le charme de nos romans modernes ; mais le fentiment qui naît du libre penchant du cœur, le fentiment à la fois ardent & tendre, délicat & paffionné, c'eft Rouffeau qui, le premier, a cru qu'on pouvoit exprimer fes brûlantes agitations ; c'eft Rouffeau qui, le premier, l'a prouvé.

Que le lieu de la fcene eft heureufement choifi ! La nature en Suiffe eft fi bien d'accord avec les grandes paffions ! comme elle ajoute à l'effet de la touchante fcene de la Meillerie ! comme les tableaux que Rousseau en fait sont nouveaux ! qu'il laisse loin derriere lui ces idylles de Gesner, ces prairies émaillées de fleurs, ces berceaux entrelacés de roses ! comme l'on sent vivement que le cœur seroit plus ému, s'ouvriroit plus à l'amour près de ces rochers qui menacent les cieux, à l'aspect de ce lac immense, au fond de ces forêts de cyprès, sur le bord de ces torrens rapides, dans ce séjour qui semble sur les confins du chaos, que dans ces lieux enchantés, fades comme les bergers qui l'habitent !

Enfin, il est une lettre moins vantée que les autres, mais que je n'ai pu lire jamais sans un attendrissement inexprimable : c'est celle que Julie écrit à Saint-Preux au moment de mourir : peut-être n'est-elle pas aussi touchante que je le pense ; souvent un mot qui répond juste à notre cœur, une situation qui nous retrace ou des souvenirs ou des chimeres, nous fait illusion, & nous croyons que l'auteur est la cause de cet effet de son ouvrage:

vrage : mais Julie apprenant à Saint-Preux qu'elle n'a pu cesser de l'aimer, Julie, que je croyois guérie, me montrant un cœur blessé plus profondément que jamais ; ce sentiment de bonheur que la cessation d'un long combat lui donne ; cet abandon que la mort autorise & que la mort va terminer ; ces mots si sombres & si mélancoliques, *adieu*, *pour jamais*, *adieu*, se mêlant aux expressions d'un sentiment créé pour le bonheur de la vie ; cette certitude de mourir, qui donne à toutes ses paroles un caractere si solemnel & si vrai ; cette idée dominante ; cet objet qui l'occupe seul au moment où la plupart des hommes concentrent sur eux-mêmes ce qu'il leur reste de pensée ; ce calme qu'à l'instant de la mort le malheur donne encore plus sûrement que le courage ; chaque mot de cette lettre enfin ont rempli mon ame de la plus vive émotion. Ah ! qu'on voit avec peine la fin d'une lecture qui nous intéressoit

G

comme un événement de notre vie, & qui, fans troubler notre cœur, mettoit en mouvement tous nos fentimens & toutes nos penfées !

LETTRE III.

D'Emile.

JE vais maintenant parler de l'ouvrage qui a consacré la gloire de Rousseau ; de celui que son nom d'abord nous rappelle, & qui confond l'envie, après l'avoir excitée. L'auteur d'Emile s'étoit fait connoître dans ses premiers écrits : avant même d'avoir élevé ce grand édifice, il en avoit montré la puissance ; mais l'admiration, sentiment plus qu'involontaire, puisqu'on se plaît à y résister, n'auroit peut-être pas été généralement accordée aux autres ouvrages de Rousseau, si, forcé de couronner Emile, il n'avoit pas fallu respecter par-tout la trace du talent qui sut ainsi se développer à nos yeux.

C'est un beau système, que celui qui, recevant l'homme des mains de la nature, réunit toutes ses forces pour conserver en lui l'empreinte qu'il a reçu d'elle, & l'exposer au monde sans l'effacer. On répete souvent que dans la vie sociale, il est impossible ; mais je ne sais pas pourquoi l'on n'a voulu trouver cette auguste empreinte que dans l'homme sauvage ; ce n'est pas le progrès des lumieres, ni l'ordre civil, c'est l'erreur & l'injustice qui nous éloignent de la nature : l'homme seul ne peut atteindre à toutes les connoissances des hommes réunis pendant plusieurs siecles. Mais le fil d'Ariane conduit depuis les premiers pas jusqu'aux derniers : l'esprit juste & le cœur droit peuvent concevoir toutes les combinaisons nécessaires des devoirs & des pensées de cette vie. On croit avoir jugé les idées de Rousseau, quand on a appelé son livre un ouvrage systématique : peut-être les bornes de l'esprit humain ont-elles été assez reculées depuis un siecle, pour qu'on ait l'habitude de respecter les pensées nouvelles ; mais ne seroit-il pas possible même qu'il vînt un temps où l'on se fût tellement éloigné des sentimens naturels, qu'ils paruffent une découverte, & où l'on eût befoin d'un homme de génie pour revenir fur fes pas, & retrouver la route dont les préjugés du monde auroient effacé la trace ? C'eft ce fublime effort dont Rouffeau s'eft montré capable.

L'homme reçoit trois éducations, celle de la nature, de fon précepteur & du monde. Rouffeau a voulu confondre les deux premieres; il développe les facultés de fon éleve, comme fes forces phyfiques, avec le temps, fans ralentir ni hâter fa marche : il fait qu'il doit vivre parmi des hommes qui fe font condamnés à une exiftence contraire aux idées naturelles; mais comme la loi de la néceffité eft la premiere qu'il lui apprit à refpecter, il fupportera les inftitutions fociales comme les accidens de la nature; & les jugemens droits, les fentimens fimples qu'on lui a infpirés guideront feulement fa conduite & foutiendront fon ame. Qu'importe fi, fur le théâtre du monde, il est acteur ou témoin ? on ne le verra point troubler le spectacle ; & si les illusions lui manquent, les plaisirs vrais lui resteront. On se plaint des soins infinis que cette éducation exigeroit ; sans doute dans un séjour pestiféré l'on se défend avec peine de la contagion ; mais Emile enfant, s'éleveroit de lui-même dans une ville habitée par des Emiles. Mais quand la moitié de la vie seroit consacrée à assurer le bonheur de celle d'un autre, y a-t-il beaucoup d'hommes qui dussent regretter cet emploi de leur temps ? Enfin si les femmes, s'élevant au-dessus de leur sort, osoient prétendre à l'éducation des hommes ; si elles savoient dire ce qu'ils doivent faire ; si elles avoient le sentiment de leurs actions, quelle noble destinée leur seroit réservée !

Rousseau veut qu'on développe les facultés avant que d'apprendre les sciences: en effet, l'enfant dont l'esprit n'est pas au niveau de la mémoire, retiendra ce qu'il n'entend pas, & cette habitude difpofe à l'erreur. J'ignore fi Rouffeau ne retarde pas trop le moment où l'étude doit être permife : il ne peut être fixé, les enfans different entre eux comme les hommes. Quel bon efprit on prépare à celui qui n'adopta jamais que ce qu'il a compris ! Je le fais, la jeuneffe efface les erreurs de l'enfance & perd les fiennes à fon tour ; mais celui qui, fuivant fon âge, n'auroit jamais cru que la vérité, arriveroit à la principale époque de la vie avec un jugement inaltérable; & les idées morales, devenues pour lui comme des propofitions de géométrie, s'enchaîne-roient dans fa penfée depuis fa naiffance jufqu'à fa mort; on ne le préferveroit pas des mouvemens des paffions, mais on le garantiroit des excufes qu'elles cher-chent : il pourroit être entraîné, mais jamais égaré ; & s'il tomboit dans le pré-cipice, il s'y verroit au moins, & fes yeux reftés ouverts, l'aideroient bientôt à s'en retirer lui-même. Que j'aime cette éducation fans rufe & fans defpotifme,

qui traite l'enfant comme un homme foible, & non comme un être dépendant ! qui le force à l'obéiffance, non, en le faifant plier fous la volonté d'un gouverneur ou d'un pére dont il ne connoîtroit pas les droits, & dont il haïroit l'empire ; mais fous la néceffité muette, mais inflexible ; fous la néceffité, éternelle puiffance qui le commandera quand fes maîtres ne pourront plus rien fur lui ; pouvoir qui n'avilit pas celui qui s'y foumet, & ne donne point à un homme l'habitude d'obéir aux autres hommes. L'enfance précede la vie ; qu'elle en foit le tableau raccourci ; le foir du jour fouillé par nos fautes, un maître févére ne vient point nous impofer des punitions qui ne naiffent point d'elles ; mais nos amis s'éloignent, fi nous les avons bleffés ; mais on ceffe de nous croire, fi nous avons trompé. La feule rufe permife avec les enfans, c'eft de les traiter comme des hommes ; de faire naître autour d'eux l'expérience, en leur cachant le peu
d'importance

d'importance qu'on attache à leurs premiers torts, & le charme de leurs petites graces, préfage de l'empire que d'autres féductions peuvent avoir un jour. Il eſt un genre d'expérience toutefois qu'on doit retarder le plus poſſible : c'eſt la connoiſſance des vices des hommes : il faut être bien fort pour braver l'exemple & ſupporter l'injuſtice. Les enfans ne doivent jamais éprouver les défauts de ceux qui les environnent. Que cette grande & derniere leçon ſoit réſervée pour l'âge où l'on a déjà choiſi ſa route. La vertu n'eſt pas, comme la gloire, un but d'émulation ; ceux qui prétendent à l'une, ne veulent point d'égaux ; ceux qui cherchent l'autre, ralentiſſent quelquefois leurs efforts, lorſqu'ils trouvent des compagnons de pareſſe. Il faut être homme pour apprendre ſans danger à connoître les hommes. Il paroiſſoit difficile d'exciter les enfans à l'étude, ſans employer les moyens ordinaires de l'éducation, ſans manquer au principe qui

H

conferve dans l'enfant la dignité de l'homme, en ne lui apprenant ni à commander ni à obéir. Rouſſeau s'aſſure de ſa docilité par la dépendance de ſa nature: elle l'oblige à un échange de ſervices, premier fondement de toute ſociété. Les connoiſſances ſont nées du beſoin des hommes; & depuis que tous les ont acquiſes, elles ſont encore plus utiles à chacun d'eux. On peut amener une circonſtance qui en faſſe ſentir à l'enfant la néceſſité, & lui inſpire aujourd'hui le deſir de cette même ſcience, dont hier il eût fallu lui commander l'étude: mais, dira-t-on, pourquoi ne pas le conduire par la reconnoiſſance & par la tendreſſe? Le premier de ces ſentimens n'eſt pas conçu par un enfant; il n'unit point enſemble le préſent & le paſſé: le ſecond doit naître de lui-même; mais ſon action ne développe ni le jugement ni la penſée: elle n'a pas le même empire ſur tous ces jeunes cœurs, & ne leur donne point l'idée de la vie, où des relations de tous genres tirent leurs forces de la raison & de la nécessité. Rousseau se sert pour l'enfance des ressorts qui doivent mouvoir tous les âges. Avec quel soin n'interdit-il pas ces motifs d'émulation & de rivalité, qui préparent d'avance les passions de la jeunesse!

Emile n'est point un guerrier, un poëte, un administrateur; c'est un homme, l'homme la nature instruit de toutes les découvertes de la société: il voit plus loin que le sauvage, mais dans la même direction: il a ajouté des idées justes à des idées justes; mais une erreur ne peut entrer dans sa tête. Tout le monde a adopté le systéme physique d'éducation de Rousseau. Un succès certain n'a point trouvé de contradicteurs; ses idées morales sont sur le même modele; aucun lien importun ne gêne les mouvemens des enfans; la contrainte ne borne point leur liberté: Rousseau les exerce par degrés; il veut qu'ils fassent eux-mêmes tout ce que leurs petites forces leur permettent; il ne hâte point leur esprit; il ne les fait pas arriver au résultat sans passer par la route : enfin si la même pensée avoit créé le monde physique & le monde moral; si l'un étoit, pour ainsi dire, le relief de l'autre, pourquoi se refuseroit-on à trouver dans l'ensemble du système de Rousseau la preuve de sa vérité ? Je ne sais pas si je suivrois entiérement pour mon fils la méthode de Rousseau; peut-être ma vanité voudroit-elle le former pour un état déterminé, afin qu'il fût de bonne heure avancé dans une carriere; au moins je me dirois : c'est ainsi qu'on doit élever l'homme, c'est l'éducation de l'espece, plutôt que celle de l'individu. Mais il faut l'étudier comme ces modeles de proportion, que les sculpteurs ont toujours devant les yeux, quelles que soient les statues qu'ils veulent faire. C'est l'éloquence de Rousseau qui ranima le sentiment maternel, dans une certaine classe de la société; il fit connoître aux meres ce devoir & ce bonheur ; il leur inspira le desir de ne céder à personne les premieres caresses de leurs enfans ; il interdit autour d'eux les serviles respects des valets, qui leur font sentir leur rang, en leur montrant le contraste de leur foiblesse & de leur puissance ; mais il permet les tendres soins d'une mere : ils ne gâteront point l'enfant qui les reçoit ; être servi rend tyran ; mais être aimé, rend sensible. Qui, des meres ou des enfans, doit le plus de reconnoissance à Rousseau ? Ah! ce sont les meres sans doute : ne leur a-t-il pas appris, (comme l'écrivoit une femme dont l'ame & l'esprit font le charme de ceux qu'elle admet à la connoître) ,, à retrouver dans ,, leur enfant une seconde jeunesse, dont ,, l'espérance recommence pour elles, ,, quand la premiere s'évanouit ,, ? Ah ! tout n'est pas encore perdu pour la mere malheureuse, dont les fautes ou la destinée ont empoisonné la vie ! ces jours de douleur lui ont peut-être valu l'expérience, qui préservera des mêmes peines le jeune objet de ses soins & de sa tendresse. Dans tous les portraits de Rousseau, on l'a peint couronné par des enfans. En effet, il a su rendre cet âge à son bonheur; & peut-être n'est-il que celui-là d'assuré dans la vie. Bientôt la jeunesse arrive ; ce temps faussement vanté, ce temps des passions & des larmes : oui, ma fille, j'écouterai pour toi les leçons de Rousseau : son éloquente bonté te répond de mon indulgence ; peut-être l'aurois-je trouvée dans mon ame ; mais l'impression de ses sublimes ouvrages est si profonde, qu'on la confond avec celle de la nature même ; oui, je t'assurerai des jours de bonheur, dans cet âge où l'imagination ne craint rien de l'avenir, où le moment présent compose toute la vie, où le cœur aime sans inquiétude, où le plaisir se fait sentir, tandis que la peine est encore inconnue. Le bonheur de l'enfant dépend de sa mere : hélas ! un jour peut-être je te presserai vainement contre mon sein ; mes caresses ne feront plus renaître de calme dans ton ame. Jouis donc, jouis de ces cours instans, d'une félicité qu'on cesse de desirer en cessant de la goûter, & qui ne laisse après elle ni regret ni repentir. Je ne veux point oublier que la jeunesse succède à l'enfance, je ne veux point que la premiere époque de la vie soit inutile au reste de la tienne ; mais je veux la considérer comme une partie de ces années que tu dois passer sur la terre & m'occuper d'elles pour elles. Si je meurs avant d'avoir vu le succès de mes soins, tu me devras du moins les beaux jours de ton enfance ; & ce doux souvenir te fera chérir ma mémoire & respecter le génie sublime qui raffermit mon esprit dans la route que mon cœur étoit impatient de suivre.

Rousseau n'a point voulu qu'Emile fût un homme extraordinaire. Le génie & l'héroïsme sont des exceptions de la nature dont elle fait seule l'éducation. Il l'a

peint tel que tous les peres peuvent eſ‑
pérer de rendre leur fils, en ſuivant le
même plan. Je me demanderois, pour
juger de ce ſyſtême, s'il eſt vrai que tous
les effets naiſſent des moyens, & ſi ces
effets ſont déſirables ? Or, il me ſemble
que l'enfant élevé ſuivant les principes de
Rouſſeau ſeroit Emile ; & qu'on ſeroit
heureux d'avoir Emile pour fils ! Je ſuis
loin d'adopter le ſyſtême d'Helvétius, &
d'attribuer à l'éducation ſeule la diſtance
de Voltaire aux autres hommes ! Les ta‑
lens de l'eſprit ſont ſans doute inégaux par
la nature ; mais les ſentimens innés dans
tous les cœurs peuvent être développés
par l'éducation ; & je crois qu'elle avoit
preſque toujours une maniere de rendre,
ou plutôt de laiſſer à l'ame ſa bonté pri‑
mitive. Pour un aveugle-né, combien ont
perdu la vue ! Je ſais qu'il paroîtra peut‑
être extraordinaire d'adopter le ſyſtême
de Rouſſeau : on s'accorde pour admirer
ſon éloquence : mais on a trouvé ſimple
de croire que cette imagination ſi vive

&

& si féconde, cette ame si passionnée, avoit acquitté la nature envers lui, & qu'un tel talent de peindre ne pouvoit être uni à la justesse d'esprit nécessaire pour tracer un plan utile. On a dit que ses opinions étoient impraticables ou fausses, afin de le ranger dans cette classe que les hommes médiocres même traitent avec dédain, ravis d'opposer le court enchaînement de leurs incontestables idées communes aux erreurs qui peuvent se rencontrer dans la suite des pensées nouvelles d'un grand génie. Moi, je ne crois pas qu'un ouvrage sur l'éducation, dont le système est parfaitement suivi depuis la premiere ligne jusqu'à la derniere, & qui doit réveiller sans cesse tous nos sentimens & toutes nos idées habituelles, pût intéresser, s'il fatiguoit l'esprit par sa fausseté. Enfin je vois adopter en détail ce plan dont on rejette l'ensemble, & je ne puis m'accoutumer à entendre juger le style sans les pensées, comme si l'effet de l'un étoit séparé de l'impreffion des autres, & comme s'il ne falloit pas au moins, quand tout le fyftême ne feroit pas jufte, que les idées & les fentimens dont l'éloquence fe compofe, le fuffent toujours. J'avouerai que pour me conformer à l'avis de la multitude, qui ne veut pas croire vraies tant de penfées neuves, vainement à chaque page j'étois de l'avis de Rouffeau : à la fin du livre, je me difois : c'eft fûrement faux ; & j'attribuois à fon talent feul la perfuafion dont je ne pouvois me défendre ; mais j'ai fini cependant par m'en fier affez à la réflexion pour ne pas craindre les opinions mêmes que l'éloquence développe ; fans doute quand elle s'aide du gefte & de l'accent, elle peut, à la tête des armées, dans une émeute populaire, entraîner les hommes par tout ce qu'ils ont de fenfible, & fufpendre leurs autres facultés ; mais dans la retraite, lorfqu'aucune paffion ne nous aveugle, l'impreffion du talent refte, mais fon illufion disparoît. Pourquoi, si je trouve que l'auteur d'Emile a raison, préférerois-je d'adopter l'opinion que je n'ai pas? Pourquoi, pour me défendre de moi, ne m'écouterois-je jamais, & pourquoi donc enfin, effrayée par les jugemens des autres, prendrois-je le corps pour l'ombre, comme l'enfant prend l'ombre pour le corps.

Rousseau vouloit élever la femme comme l'homme d'après la nature, & suivant les différences qu'elle a mises entre eux ; mais je ne sais pas s'il faut tant la seconder, en fortifiant, pour ainsi dire, les femmes dans leur foiblesse. Je vois la nécessité de leur inspirer des vertus que les hommes n'ont pas, bien plus que celle de les encourager dans leur infériorité sous d'autres rapports ; elles contribueroient peut-être autant au bonheur de leurs époux, si elles se bornoient à leur destinée par choix plutôt que par foiblesse, & si elles se soumettoient à l'objet de leur tendresse par amour plutôt que par befoin d'appui. Une grande force d'ame leur eft néceffaire ; leurs paffions & leur deftinée font en contrafte dans un pays où le fort impofe fouvent aux femmes la loi de n'aimer jamais, où, plus à plaindre que ces pieufes filles qui fe confacrent à leur Dieu, elles doivent accorder tous les droits de l'amour, & s'interdire tous les plaifirs du cœur. Ne faut-il pas un fentiment énergique de fes devoirs pour marcher ifolée dans le monde, & mourir fans avoir été la premiere penfée d'un autre, fans avoir fur-tout attaché la fienne fur un objet qu'on pût aimer fans remords !

Rouffeau, dira-t-on, ne s'occupoit pas des bizarres inftitutions de la vanité; il n'appuyoit pas un édifice qu'il eût voulu renverfer ; mais pourquoi donc a-t-il peint fa Sophie trop foible même pour la plus heureufe fituation du monde ? Comment, dans un morceau fublime d'éloquence, fupplément de fon ouvrage, a-t-il peint Sophie trahiffant fon époux?

Il a condamné lui-même son éducation ; il l'a sacrifiée au desir de faire valoir celle d'Émile, en donnant le spectacle de son courage dans la plus violente situation du cœur. Comment a-t-il pu se résoudre à nous offrir Sophie au-dessous de tout, infidelle à ce qu'elle aime ? C'est plus que foible qu'il l'a montrée. Avoit-elle besoin de force ? elle avoit épousé son amant. Ah ! pourquoi flétrir le cœur par la triste fin de l'histoire d'Émile & de Sophie ? pourquoi seconder ceux qui, ne croyant pas à la durée des sentimens, pensent qu'il est égal de commencer ou de finir par ne pas s'aimer ? pourquoi dégrader les femmes, en faisant tomber celle qui sembloit devoir être leur modele ? Ah ! Rousseau, c'est mal les connoître ; leur cœur peut les égarer, mais leur cœur sait les défendre : aucune de celles même que la vertu seule n'arrêteroit pas, unie à ton Émile, aimée par lui, n'auroit changé la paix & le bonheur contre le désespoir & la honte ; aucune, foible même, comme tu veux les élever & les peindre, ne se fût bannie du paradis terrestre, en rompant les liens d'un hymen formé par l'amour. Je ne sais pas s'il falloit montrer Émile en proie aux plus cruelles infortunes. L'influence de la vertu sur le bonheur, étoit un spectacle plus utile; il est sans doute des peines dont elle ne préserve pas; mais il en est tant qu'elle épargne, qu'il est permis d'employer cet appât pour attirer vers elle. Mais quel charme dans tous les tableaux de cet ouvrage ! quelle finesse & quelle étendue dans les idées ! Tantôt l'auteur ajoute une pensée nouvelle à un sujet qui sembloit épuisé, ou fait, par une seule, ouvrir une carriere immense à la réflexion. En voulant former un homme, il s'est nécessairement occupé de toutes les idées qui peuvent entrer dans la tête. Quelle méditation cela suppose, ou plutôt, quelle originalité dans l'écrivain à qui tous les objets connus se présentent sous une forme neuve & vraie, & qui trouve presque toujours son esprit dans la nature ! C'est une pensée bien heureuse d'avoir donné à un traité d'éducation la forme de l'histoire de son éleve. Rien n'est étranger au but ; rien ne détourne de l'idée abstraite ; mais la pensée se repose, & l'attention est entraînée. Rousseau veut que des événemens de sa vie, grave dans la tête de l'enfant les vérités qu'il doit apprendre. S'il faut lui donner l'idée des droits de la propriété, son travail est détruit par Robert, possesseur du champ dont il s'est emparé ; le chagrin & la colere d'Emile impriment dans son esprit le souvenir de l'explication qu'il a reçue. C'est par les sentimens de son ame que Rousseau captive son intérêt ; il traite de même le lecteur, & son ingénieuse adresse emploie le même moyen pour élever l'enfant, & retenir l'attention des hommes. Les circonstances les plus légeres frappent l'imagination, & ajoutent à la vérité des tableaux. Les détails font peu d'impression quand ils rappellent des circonstances ou des personnes indifférentes ; mais lorsqu'ils tiennent à de grands sentimens, lorsqu'on a long-temps d'avance intéressé le lecteur pour Émile & pour Sophie, le cœur bat en les voyant lutter à la course ensemble, s'amuser encore dans l'âge des passions, de ces jeunes plaisirs, & savoir unir la simplicité de l'enfance au charme de la jeunesse. Heureux par ce sentiment qui fait une époque des événemens les plus ordinaires de la vie, Emile ne peut lutter dans ce combat inégal ; il sent sa force ; il aime la foiblesse de Sophie, & la portant au but dans ses bras, tombe à ses pieds, & se reconnoît vaincu. Cette image ravissante s'est souvent offerte à ma pensée. Rousseau, dans Héloïse, avoit peint la passion exaltée par le combat du remords, par l'ivresse de la faute : le tableau de deux amans ignorant le repentir & la crainte, s'aimant sans que l'obstacle, ce besoin des cœurs usés, soit nécessaire pour les ranimer, est peut-être un aussi grand effort

fort du talent ; la vérité, la justesse y étoient encore plus nécessaires, & des sons si doux pour émouvoir le cœur, doivent bien y répondre. Je sais qu'on peut avec raison être frappé du mauvais goût que Rousseau se permet quelquefois ; il se plaît dans les contrastes, & les fait par les mots autant que par les idées : on pourroit blâmer un tel système ; la pensée doit voir les extrêmes, mais non l'imagination ; l'impression du dégoût qu'elle en reçoit, ne rend pas la vérité plus sensible, & déplaît inutilement. On a quelquefois accusé Rousseau d'exagération & de fausse chaleur : j'avouerai qu'en ne trouvant pas toujours toutes ses idées justes, en n'étant pas toujours émue par tous ses mouvemens, il m'a paru constamment naturel ; il differe des autres, mais c'est pour lui, non pour eux qu'il parle. On a pu le juger fou dans quelques pages, mais rien n'est plus loin de l'affection ; sa folie, si l'on doit employer ce mot, est l'exaltation de tout ce qui est bien ; ce sont des idées qui n'ont pas été, pour ainsi dire, raccordées avec les hommes, mais qui seroient vraies abstraitement. Comment ne pas adorer son amour pour la vertu, sa passion pour la nature ; il ne l'apas peinte comme Virgile, mais il l'a gravée dans le cœur, & l'on se rappelle ses sentimens & ses pensées en revoyant les lieux qu'il a parcourus, les sites qu'il préféroit.

Quel écrivain que Rousseau ! On a souvent parlé du danger de l'éloquence ; mais je la crois bien nécessaire, quand il faut opposer la vertu à la passion : elle fait naître dans l'ame ces mouvemens qui décident seuls du parti que l'on prend ; il semble que la raison s'offre long-temps à l'esprit avant que le cœur en reçoive l'impression ; mais lorsqu'il l'éprouve, on n'a plus besoin de réflexions ; on va de soi-même, on est entraîné ; c'est l'éloquence seule qui peut ajouter cette force d'impulsion à la raison, & lui donner assez de vie pour lutter à force égale contre les passions ; mais, heureux Émile, si celui qui veille sur sa destinée le préserve des combats avec lui-même, & ne le place pas dans ces cruelles situations qui naissent de la société, & s'opposent à la nature ! Puisse-t-il suivre l'intention de la providence, qui n'a rien ordonné à l'homme que pour sa félicité, même sur cette terre, & ne lui fit une loi de la vertu, que pour assurer son bonheur, en ne le laissant pas dépendre des bornes de sa propre intelligence, & suppléer par l'obéissance aux lumieres de sa raison ! On reproche à Rousseau de donner trop tard à son éleve la connoissance d'un Dieu ; cette vérité de sentiment pourroit être connue avant le développement des facultés de l'esprit. Je ne sais pas cependant, si ce superbe mot de l'énigme du monde ne frapperoit pas davantage celui qui ne l'apprendroit qu'en le concevant. On a souvent remarqué que les merveilles de tous les jours n'excitoient plus notre étonnement. Une grande idée qu'un enfant met à son niveau, qu'il rapproche de ce qu'il connoît, qu'il confond avec toutes les petites pensées de son âge, est moins auguste à ses yeux que si, pour la première fois, elle répandoit des torrens de lumiere sur les ténebres de l'univers. Rousseau croyoit à l'existence de Dieu, par son esprit & par son cœur. Quelle est belle, sa lettre à l'archevêque de Paris ! Quel avantage la vraie philosophie n'a-t-elle pas sur la plupart des sectes religieuses, quand elle ne tente pas d'ébranler les éternelles bases de toute croyance ! Quel chef-d'œuvre d'éloquence dans le sentiment, de métaphysique dans les preuves, que la profession de foi du vicaire Savoyard ! Rousseau étoit le seul homme de génie de son temps qui respectât les pieuses pensées, dont nous avons tant de besoin ; il consulte l'instinct naturel, & consacre ensuite toute la force de la réflexion à le prouver à sa raison. La philosophie rejette ces persuasions intimes, involontaires, qui ne sont point nées du calcul & de la méditation de l'esprit. Mais, que j'aime mieux celui qui leur prête l'appui de ses pensées, tâche de les fortifier en moi, & loin d'opposer ma raison à mon instinct, cherche à les réunir pour faire pencher la balance, & cesser le combat ! La profession de foi du vicaire Savoyard étoit justement admirée comme une suite de raisonnemens forts & profonds, qui formoient un ensemble d'opinions que l'on adoptoit avec transport au milieu des égaremens des fanatiques & des athées. Mais cet ouvrage n'étoit que le précurseur de ce livre, époque dans l'histoire des pensées, puisqu'il en a reculé l'empire ; de ce livre qui semble anticiper sur la vie à venir, en devinant les secrets qui doivent un jour nous être dévoilés ; de ce livre que les hommes réunis pourroient présenter à l'Etre-Suprême, comme le plus grand pas qu'ils ont fait vers lui ; de ce livre que le nom de son auteur consacre en le mettant à l'abri du dédain de la médiocrité, puisque c'est le plus grand administrateur de son siecle, le génie le plus clair & le plus juste, qui a demandé d'être écouté sur ce qu'on vouloit rejeter comme obscur & comme vague ; de ce livre dont la sensibilité majestueuse & sublime peint l'auteur aimant les hommes, comme l'ange gardien de la terre doit les chérir. Pardonne-moi, Rousseau : mon ouvrage t'est consacré, & cependant un moment un autre est devenu l'objet de mon culte ! Toi-même, toi sur-tout, ton cœur passionné pour l'humanité, eût adoré celui qui, long-temps occupé de l'existence de l'homme sur la terre, après avoir indiqué tous les biens qu'un bon gouvernement peut lui assurer, a voulu prévenir ses plus cruels malheurs en portant du calme dans son ame agitée, & donner ainsi la chaîne des pensées qui forment toute sa destinée. Oui, Rousseau savoit admirer, & n'écrivant jamais que pour céder à l'impulsion de son ame, les vaines jalousies n'entroient point dans son cœur. Il auroit eu besoin de louer celui que je n'ose nommer, celui dont je m'approche sans crainte, quand je ne vois en lui que l'objet de ma tendresse ; mais qui me pénetre plus que personne de respect, quand je le contemple à quelque distance; enfin, celui que la postérité comme son siecle, désignera par tous les titres du génie, mais que mon destin & mon amour me permettent d'appeler mon pere.

LETTRE IV.

Sur les ouvrages politiques de Rousseau.

DE tous les objets offerts à la méditation, la conſtitution des gouvernemens eſt ſans doute le plus important comme le plus difficile à connoître. Le légiſlateur qui ſauroit former un corps politique, lier ſes membres par un intérêt commun & immuable, raſſembler dans ſa penſée tout ce que le choc des paſſions des hommes, la réunion de leurs facultés, l'influence des climats, la puiſſance des empires voiſins pourroient jamais produire d'inconvéniens ou d'avantages ; celui qui ſauroit contenir & diriger par des lois faites pour durer toujours, le peuple qui ſe feroit ſoumis à ſon génie, auroit conçu le plus grand projet que l'on puiſſe croire poſſible, & ſe feroit aſſocié, pour ainſi dire, à la gloire

gloire de la création du monde, en donnant à fes habitans des lois univerfelles & néceffaires, comme celles de la nature ; mais l'efprit humain n'a point fait en un moment le pas immenfe de l'état fauvage à l'état civil ; les idées fe font lentement développées ; les circonftances ont quelquefois fait naître des inftitutions fi heureufes que la penfée doit en envier la gloire au hafard. La plupart des gouvernemens fe font formés par la fuite des temps & des événemens, & fouvent la connoiffance de leur nature & de leur principe a plutôt fuivi que précédé leur établiffement. L'ouvrage donc qui nous fait bien connoître les premieres bafes du contrat focial, qui fixe les vrais fondemens de toute puiffance légitime, eft auffi utile que digne d'admiration : tel eft le plan & le but du livre de Rouffeau ; il démontre qu'aucune convention ne peut fubfifter, qui foumette l'intérêt général à l'intérêt particulier ; qu'il eft infenfé de croire qu'une nation doive obéir à des lois qui font contraires à fon bonheur, & que fans fon confentement, aucun gouvernement puiffe être établi ni maintenu; que la dépendance du plus fort, à l'égard du plus foible, eft contraire à la raifon comme à la nature, & qu'enfin l'idée d'un état defpotique eft encore plus abfurde que révoltante; mais ce gouvernement excepté (les monftres ne font pas comptés parmi les hommes;) il n'en eft point que Rouffeau ne juftifie; il remonte à l'origine de toute autorité fur la terre, & prouve même que la monarchie établie par la volonté générale, fondée fur des lois que la nation feule a le droit de changer, eft un gouvernement auffi légitime & peut être meilleur que les autres. J'oferai blâmer Rouffeau, cependant, de ne pas regarder comme libre la nation qui a fes repréfentans pour légiflateurs, & d'exiger l'affemblée générale de tous les individus. L'enthoufiafme eft permis dans les fentimens, mais jamais dans les projets;

les défenseurs de la liberté doivent se préserver de l'exagération. Ses ennemis seroient si heureux de la croire impossible ! Le plan de l'ouvrage de Montesquieu, est sans doute plus étendu que celui du contrat social ; toutes les lois qui ont été faites y sont examinées, & mille biens de détail peuvent résulter encore de ce livre si remarquable par les idées générales ; mais Rousseau ne s'est occupé que de la constitution politique des états, de celui qui a le pouvoir de donner des lois, non des lois elles-mêmes. Montesquieu est plus utile aux sociétés formées, Rousseau le seroit davantage à celles qui voudroient se rassembler pour la première fois ; la plupart des vérités qu'il développe sont spéculatives ; on doit, j'en conviens, accorder plus d'admiration à celui qui crée un système, même imparfait, mais possible, qu'au philosophe qui, luttant contre la nature seule des choses, offre un plan sans défauts à l'imagination ; mais peut-être faut-il avoir administré foi-même, pour renoncer au bien idéal, pour se résoudre à placer le mieux, qu'on peut obtenir, à côté du mal qu'on doit supporter, pour se borner à faire lentement quelques pas vers le but qu'on atteint si rapidement par la pensée. Enfin, peut-être faut-il avoir observé de près le malheur des peuples, pour regarder encore comme une gloire suffisante, le léger adoucissement que l'on apporte à leurs maux. Qu'on place donc au-dessus de l'ouvrage de Rousseau, celui de l'homme d'état dont les observations auroient précédé les résultats, qui seroit arrivé aux idées générales par la connoissance des faits particuliers, & qui se livreroit moins en artiste à tracer le plan d'un édifice régulier, qu'en homme habile à réparer celui qu'il trouveroit construit. Mais qu'on accorde cependant un grand tribut de louages à celui qui nous a fait connoître tout ce qu'on peut obtenir par la méditation, & qui s'étant saisi d'une grande idée, l'a suivie dans toutes ses conséquences, jusqu'à sa source la plus reculée. Rousseau emprunte la méthode des géometres, pour l'appliquer à l'enchaînement des idées ; il soumet au calcul les problêmes politiques ; il me semble qu'il fait admirer également la force de sa tête, soit par ses raisonnemens, soit par la forme de ces raisonnemens mêmes. La conception de la haute métaphysique ne demande pas une puissance d'attention surnaturelle : comme les bornes n'en sont pas connues, la précision n'y est pas nécessaire ; mais quand on veut traiter d'une maniere abstraite des sujets dont la base est réelle, c'est alors que toutes les facultés humaines peuvent à peine suffire pour s'élever sans perdre son objet de vue, & décrire dans le ciel le cercle qui doit être répété sur la terre. Mais ce n'étoit point assez d'avoir démontré les droits des hommes ; il falloit, & c'étoit sur-tout là le talent de Rousseau ; il falloit, dans tous ses ouvrages leur faire sentir le prix qu'ils doivent y attacher. Peut-être est-il quelquefois impossible au génie de transmettre toutes ses idées à tous les esprits ; mais il faut qu'il entraîne par son éloquence ; c'est elle qui doit émouvoir & persuader également tous les hommes. Les vérités auxquelles la pensée seule peut atteindre, ne se répandent que lentement, & le temps est nécessaire pour achever la persuasion universelle ; mais les vérités de sentiment, ces vérités que l'ame doit saisir, malheur au talent qui n'enflamme pas pour elles à l'instant qu'il les présente !

Je l'ai aimée aussi, cette liberté qui ne met entre les hommes d'autre distinction que celles marquées par la nature ; & m'exaltant avec l'auteur des lettres sur la montagne, je la voulois telle qu'on la conçoit sur le sommet des Alpes, ou dans leurs vallées inaccessibles. Maintenant un sentiment plus fort sans être contraire, suspend toutes mes idées ; je crois, au-lieu de penser ; j'adopte, au-lieu de réfléchir ; mais cependant je n'ai sacrifié mon jugement qu'après en avoir fait un noble usage : j'ai vu que le génie le plus étonnant étoit uni au cœur le plus pur, & à l'ame la plus forte ; j'ai vu que les passions ni le caractere n'égaroient jamais les facultés les plus sublimes dont un homme ait été doué ; & après avoir osé faire cet examen, je me suis livrée à la foi, pour m'épargner la peine d'un raisonnement qui la justifieroit toujours. Vous, grande nation, bientôt rassemblée pour consulter sur vos droits ; étonnée de vous retrouver après deux siecles, & peu faite encore, peut-être, à l'exercice du pouvoir que vous avez obtenu de nouveau, je ne vous demande pas ce sentiment aveugle dont j'ai fait ma lumiere ; mais ne vous défiez pas de la raison ; & puisque la succession d'événemens qui ont agité ce royaume, depuis deux années, vous ont enfin amenée à devoir au progrès seul des lumieres les avantages que les nations n'ont jamais acquis que par des flots de

fang; n'effacez point le fceau de raifon & de paix que le deftin veut appofer fur votre conftitution; & quand l'accord unanime vous permet de compter fur le but que vous voulez atteindre, prétendez à la gloire de l'obtenir fans l'avoir paffé. Et toi, Rouffeau, grand homme fi malheureux, qu'on ofe à peine te regretter fur cette terre que tes larmes ont tant de fois arrofée! que n'es-tu le témoin du fpectacle impofant que va donner la France, d'un grand événement préparé d'avance, & & dont, pour la premiere fois, le hafard ne fe mêlera point! C'eft-là, peut-être, c'eft-là que les hommes te paroîtroient plus dignes d'eftime! Ou je me trompe, ou nulle paffion perfonnelle ne doit maintenant les animer. Ils ne mettront en commun que ce qu'ils ont de célefte. Ah! Rouffeau, quel bonheur pour toi, fi ton éloquence fe fût fait entendre dans cette augufte affemblée? Quelle infpiration pour le talent, que l'efpoir d'être utile? Quelle émotion différente, quand la penfée

sée cessant de retomber sur elle-même, peut voir au-devant d'elle un but qu'elle peut atteindre, une action qu'elle produira? Les peines du cœur seroient suspendues dans de si grandes circonstances; l'homme occupé des idées générales disparoît à ses propres yeux. Renais donc, ô Rousseau! renais donc de ta cendre! Parois, & que tes vœux efficaces encougent dans sa carriere celui qui part de l'extrêmité des maux, en ayant pour but la perfection des biens; celui que la France a nommé son ange tutelaire, & qui n'a vu dans ses transports pour lui, que ses devoirs envers elle, celui que tous doivent seconder, comme s'ils secouroient la chose publique; enfin celui qui devoit avoir un juge, un admirateur, un concitoyen comme toi.

LETTRE V.

Sur le goût de Rousseau pour la Musique & la Botanique.

Rousseau a écrit plusieurs ouvrages sur la musique; il aima toute sa vie cet art avec passion. Le Devin du Village annonce même du talent pour la composition. Il vouloit faire adopter en France les mélodrames; il en donna Pygmalion pour exemple; peut-être ce genre ne devroit-il pas être rejeté. Quand les paroles succedent à la musique, & la musique aux paroles, l'effet des unes & de l'autre est plus grand; elles se servent mieux quand elles ne sont pas forcées d'aller ensemble. La musique exprime les situations, & les paroles les dévelopent. La musique pourroit se charger de peindre les mouvemens au-dessus des paroles, & les paroles des sentimens trop nuancés pour la musique; mais quelle éloquence dans le monologue de Pygmalion, comme l'on trouve vraisemblable que la statue s'anime à sa voix! comme l'on seroit tenté de croire que les dieux ne sont pour rien dans ce miracle!

Rousseau a fait pour plusieurs romances des airs simples & sensibles, de ces airs qui s'allient si bien avec la situation de l'ame, & que l'on peut chanter encore quand on est malheureux. Il en est quelques-uns qui me sembloient nationaux; je me croyois, en les entendant, transportée sur le sommet de nos montagnes, lorsque le son de la flûte du berger se prolonge lentement au loin, par les échos qui successivement le répetent. Ils me rappeloient cette musique, plutôt calme que sombre, qui se prête aux sentimens de celui qui l'écoute, & devient pour lui l'expression de ce qu'il éprouve. Quel est l'homme sensible que la musique n'a jamais ému? l'infortuné, lorsqu'il peut l'écouter, obtient par elle la douceur de répandre des larmes, & la mélancolie succede à son désespoir ; pendant qu'on l'entend, ses sensations suffisent à l'esprit comme au cœur, & n'y laissent pas de vuide. Il est des airs qui mettent un moment dans l'extase ; les ravissemens au ciel sont toujours précédés du chœur des anges. Que la musique retrace puissamment les souvenirs ! Comme elle en devient inséparable ! Quel homme agité par les passions de la vie, entendît sans émotion l'air qui dans sa paisible enfance animoit ses danses & ses jeux ! Quelle femme, lorsque le temps a flétri sa beauté, peut écouter sans verser des larmes, la romance que son amant chantoit jadis pour elle ; l'air de cette romance, plus encore que ses paroles, renouvelle dans son cœur les mouvemens de sa jeunesse ; l'aspect des lieux, des objets qui nous entouroient, aucune circonstance accessoire ne se lie aux événemens de la vie comme la musique ; les souvenirs qui nous viennent par elle ne sont point accompagnés de regrets ; elle rend un moment les plaisirs qu'elle retrace ; c'est plutôt ressentir que se rappeler. Rousseau n'aimoit que les airs mélancoliques ; à la campagne, c'est ce genre de musique que l'on souhaite. La nature entiere semble accompagner les sons plaintifs d'une voix touchante. Il faut avoir une âme douce & pure pour sentir ces jouissances. Un homme agité par le souvenir de ses fautes, ne pourroit supporter la rêverie dans laquelle une musique sensible plonge. Un homme tourmenté par des remords déchirans, ne pourroit aimer à se rapprocher ainsi de lui-même, à distinguer tous ses sentimens, à les éprouver tous, lentement & successivement. Je suis portée à me confier à celui que la musique, les fleurs & la campagne ravissent. Ah ! le penchant au vice naît sans doute dans le cœur de l'homme ; car toutes les sensations qu'il reçoit par les objets qui l'environnent, l'en éloignent. Je ne sais, mais souvent à la fin d'un beau jour, dans des retraites champêtres, à l'aſpect d'un ciel étoilé, il me ſembloit que le ſpectacle de la nature parloit à l'ame de vertu, d'eſpérance & de bonté.

Rouſſeau s'eſt long-temps occupé de la botanique : c'eſt une maniere de s'intéreſſer en détail à la campagne. Il avoit adopté un ſyſtême qui prouve encore, peut-être, combien il trouvoit que le ſouvenir même des hommes, gâtoit le plaiſir que la contemplation de la nature fait éprouver. Il diſtinguoit les plantes par leur forme, & jamais par leur propriété ; il lui ſembloit que c'étoit les dégrader, de ne les conſidérer que ſous le rapport de l'utilité dont elles peuvent être aux hommes. Il ne me paroît pas, je l'avoue, que cette opinion doive être adoptée ; ce n'eſt pas avilir les ouvrages du Créateur que de les croire deſtinés à une cauſe finale, & le monde paroît plus impoſant & plus majeſtueux à celui qui n'y voit qu'une ſeule penſée ; mais l'imagination poétique & ſauvage de Rouſfeau ne pouvoit supporter de lier à l'image d'un arbuste ou d'une fleur, ornement de la nature, le souvenir des maux & des infirmités des hommes. Avec quel charme il peint, dans ses confessions, ses transports en revoyant de la pervenche; comme elle lui retraçoit tout ce qu'il avoit éprouvé jadis ! elle produisoit sur lui l'effet de cet air que l'on défend de jouer aux Suisses hors de leur pays, dans la crainte qu'ils ne désertent. Cette pervenche pouvoit lui inspirer la passion de retourner dans le pays de Vaux; une seule circonstance semblable lui rendoit présens tous ses souvenirs. Sa maîtresse, sa patrie, sa jeunesse, ses amours; il retrouvoit tout, il ressentoit tout-à-la-fois.

LETTRE VI.

Sur le caractere de Rousseau.

JE n'ai point commencé par peindre le caractere de Rousseau. Il n'a écrit ses confessions qu'après ses autres ouvrages; il n'a sollicité l'attention des hommes pour lui-même, qu'après avoir mérité leur reconnoissance, en leur consacrant pendant vingt ans son génie. J'ai suivi la marche qu'il m'a tracée, & c'est par l'admiration que ses écrits doivent inspirer, que je me suis préparée à juger son caractere, souvent calomnié, souvent peut-être trop justement blâmé. Je cherche à ne pas le trouver en contraste avec ses ouvrages; je ne puis réunir le mépris & l'admiration; je ne veux pas croire, surtout, que dans les écrits, le sceau de la vérité puisse être imité par l'esprit, & qu'il ne reste pas aux cœurs purs & sensibles, des signes certains pour se reconnoître.

nôtre. Je vais donc essayer de peindre Rousseau ; mais j'en croirai souvent ses confessions. Cet ouvrage n'a pas sans doute ce caractere d'élévation qu'on souhaiteroit à l'homme qui parle de lui-même, ce caractere qui fait pardonner la personnalité, parce qu'on trouve simple que celui qui le possede, soit important à ses yeux comme aux nôtres ; mais il me semble qu'il est difficile de douter de sa sincérité; on cache plutôt qu'on n'invente les aveux que les confessions contiennent. Les événemens qui y sont racontés, paroissent vrais dans tous les détails. Il y a des circonstances que l'imagination ne trouveroit jamais. D'ailleurs, Rousseau avoit un sentiment d'orgueil qui répond de la véracité de ses mémoires. Il se croyoit le meilleur des hommes ; il eût rougi de penser qu'il avoit besoin pour se montrer à eux, de dissimuler une seule de ses fautes. Enfin, je trouve qu'il a écrit ses mémoires plutôt pour briller comme historien que comme héros de l'histoire.

N

Il s'eſt plus occupé du portrait que de la figure ; il s'eſt obſervé ; il s'eſt peint comme s'il s'étoit ſervi de modele à lui-même : je ſuis ſûre que ſon premier deſir étoit de ſe faire reſſemblant. Je penſe donc qu'on peut peindre Rouſſeau d'après ſes confeſſions, comme ſi l'on avoit vécu long-temps avec lui ; car en étudiant ce qu'il dit, on peut ſe permettre de ne pas penſer comme lui. Le jugement d'un homme ſur ſon propre caractere, le fait connoître, même alors qu'on ne l'adopte pas.

Rouſſeau devoit avoir une figure qu'on ne remarquoit point, quand on le voyoit paſſer, mais qu'on ne pouvoit jamais oublier quand on l'avoit regardé parler ; de petits yeux qui n'avoient pas un caractere à eux, mais recevoient ſucceſſivement celui des divers mouvemens de ſon ame ; ſes ſourcils étoient fort avancés ; ils ſembloient fait pour ſervir ſa ſauvagerie, pour le garantir de la vue des hommes. Il portoit preſque toujours la tête baiſſée, mais ce n'étoit point la flatterie ni la crainte qui l'avoit courbée ; la méditation & la mélancolie l'avoient fait pencher comme une fleur que son propre poids ou les orages ont inclinée. Lorsqu'il se taisoit, sa physionomie n'avoit point d'expression; ses affections & ses pensées ne se peignoient sur son visage que quand il se mêloit à la conversation ; lorsqu'il gardoit le silence, elles se retiroient dans la profondeur de son ame ; ses traits étoient communs; mais quand il parloit, ils étinceloient tous ; il ressembloit à ces dieux qu'Ovide nous peint quelquefois quittans par degrés leur déguisement terrestre, & se faisant reconnoître enfin aux rayons éclatans que lançoient leurs regards.

Son esprit étoit lent, & son ame ardente ; à force de penser, il se passionnoit; il n'avoit pas de mouvemens subits, apparens, mais tous ses sentimens s'accroissoient par la réflexion. Il lui est peut-être arrivé de devenir amoureux d'une femme, à la longue, en s'occupant d'elle, pendant son absence ; elle l'avoit laissé de sang-froid ; elle le retrouvoit tout de flamme ; quelquefois aussi il vous quittoit vous aimant encore, mais si vous aviez dit une seule parole qui pût lui déplaire, il se la rappeloit, l'examinoit, l'exageroit, y pensoit pendant huit jours, & finissoit par se brouiller avec vous ; c'est ce qui rendoit presqu'impossible de le détromper. La lumiere qui lui venoit tout-à-coup, ne détruisoit pas des erreurs si lentement & si profondément gravées dans son cœur. Il étoit aussi bien difficile de rester pendant long-temps très - lié avec lui ; un mot, un geste faisoit le sujet de ses plus profondes méditations ; il enchaînoit les plus petites circonstances comme des propositions de géométrie, & il arrivoit à ce qu'il appeloit une démonstration. Je crois que l'imagination étoit la premiere de ses facultés, & qu'elle absorboit même toutes les autres. Il rêvoit plutôt qu'il n'existoit, & les événemens de sa vie se passoient dans sa tête, plutôt qu'au dehors de lui. Cette maniere d'être sembloit devoir éloigner de la défiance, puisqu'elle ne permettoit pas même l'obfervation ; mais elle ne l'empêchoit pas de regarder, & faifoit feulement qu'il voyoit mal. Il avoit une ame tendre : comment en douter, lorfqu'on a lu fes ouvrages ? mais fon imagination fe plaçoit quelquefois entre fes affections & fa raifon, & détruifoit leur puiffance ; s'il paroiffoit quelquefois infenfible, c'eft qu'il n'appercevoit pas les objets tels qu'ils étoient, & fon cœur eût été plus ému que le nôtre, s'il avoit eu les mêmes yeux que nous. Le plus grand reproche qu'on puiffe faire à fa mémoire, celui qui ne trouvera point de défenfeur, c'eft d'avoir abandonné fes enfans ; eh bien ! ce même homme eût été cependant capable de donner les plus grands exemples d'amour paternel, d'expofer fa vie vingt fois pour conferver la leur, s'il n'eût pas été convaincu qu'il leur épargnoit les plus grands crimes en leur laissant ignorer le nom de leur pere; s'il n'eût pas cru qu'on vouloit en faire de nouveaux Séides. L'indigne femme qui passoit sa vie avec lui, avoit appris assez à le connoître pour savoir le rendre malheureux, & le récit qu'on m'a fait des ruses dont elle se servoit pour accroître ses craintes, pour le rendre certain de ses doutes, pour seconder ses défauts, est à peine croyable (1).

Rousseau n'étoit pas fou, mais une faculté de lui-même, l'imagination, étoit

---

(1) Un Génevois, qui a vécu avec Rousseau pendant les vingt dernieres années de sa vie, dans la plus grande intimité, m'a peint souvent l'abominable caractere de sa femme. Les sollicitations atroces que cette mere dénaturée lui fit pour mettre ses enfans à l'hôpital, ne cessant de lui répéter que tous ceux qu'il croyoit ses amis, s'efforceroient d'inspirer à ses enfans une haine mortelle contre lui; tâchant enfin de le remplir, par ses calomnies & ses feintes frayeurs, de douleur & de défiance. C'est une grande folie sans doute d'écouter & d'aimer une telle femme; mais cette folie supposée, toutes les autres sont vraisemblables.

en démence ; il avoit une grande puiſſance de raiſon ſur les matieres abſtraites, ſur les objets qui n'ont de réalité que dans la penſée, & une extravagance abſolue ſur tous ceux dont la meſure eſt priſe au-dehors de nous ; il avoit de tout une trop grande doſe ; à force d'être ſupérieur, il étoit près d'être fou. C'étoit un homme fait pour vivre dans la retraite avec un petit nombre de perſonnes d'un eſprit borné, afin que rien n'ajoutât à ſon agitation intérieure, & qu'il fût environné de calme. Il étoit bon ; les inférieurs l'adoroient ; ce ſont eux qui jouiſſent ſur-tout de cette qualité ; mais Paris l'avoit troublé. Il étoit né pour la ſociété de la nature, & non pour celle d'inſtitution. Tous ſes ouvrages expriment l'horreur qu'elle lui inſpiroit ; il ne lui fut poſſible, ni de la comprendre, ni de la ſupporter ; c'étoit un ſauvage des bords de l'Orénoque, qui ſe fût trouvé heureux de paſſer ſa vie à regarder couler l'eau. Il étoit né contemplatif, & la rêverie faifoit fon bonheur fuprême ; fon efprit & fon cœur, tour-à-tour s'emparoient de lui. Il vivoit dans fa penfée ; le monde paffoit doucement fous fes yeux ; la religion, les hommes, l'amour, la politique l'occupoient fucceffivement ; après s'être promené feul tout le jour, il revenoit calme & doux. Les méchans gagnent-ils à refter avec eux-mêmes ! On ne peut pas dire, cependant, que Rouffeau étoit vertueux, parce qu'il faut des actions & de la fuite dans ces actions, pour mériter cet éloge ; mais c'étoit un homme qu'il falloit laiffer penfer fans en rien exiger de plus, qu'il falloit conduire comme un enfant, écouter comme un oracle, dont le cœur étoit profondément fenfible, & qu'on devoit ménager, non avec les précautions ordinaires, mais avec celles qu'un tel caractere exigeoit ; il ne falloit pas s'en fier à fa propre innocence. Rouffeau avoit moins que perfonne le divin pouvoir de lire dans les cœurs ; il falloit s'occuper de fe montrer

trer ce qu'on étoit, de mettre en dehors ce qu'on sentoit pour lui. Je sais qu'on dira que ce n'est pas là la plus noble maniere d'aimer ; mais moi, je trouve qu'en sentiment, il n'y a qu'une regle : c'est de rendre heureux l'objet de nos affections ; toutes les autres sont plutôt inventées par la vanité que par la délicatesse.

Rousseau a été accusé d'hypocrisie, d'abord parce que dans ses ouvrages on a trouvé qu'il soutenoit des opinions exaltées : tout ce qui est exagéré est faux, disent souvent ceux qui veulent faire croire qu'on est plus loin du but en le passant qu'en n'y arrivant pas ; il y a des personnes exagérées à froid, si je puis le dire, qui sans être entraînées par degrés, sans y être amenées par la suite de leurs pensées, avancent tout-à-coup une opinion extrême, & se décident à la défendre : celles-là, c'est un parti qu'elles prennent, & non un mouvement qui les emporte ; d'autres, dans diverses circonstances de leur vie, ou dans les différentes situations qu'elles peignent dans leurs ouvrages, ne se sentant pas l'accent du cœur, le prennent trop haut, dans la crainte de le manquer : celles-là peuvent être accusées d'hypocrisie ; mais celui que le transport de son imagination & de son ame éleve au-dessus de lui-même, & sur-tout, peut-être, au-dessus de ceux qui le lisent, celui que son élan emporte, & qui sent un moment ce qu'il n'aura peut-être pas la force de sentir toujours ; est-ce cet homme-là qu'on devroit accuser d'hypocrisie ? Ah ! cette exaltation est le délire du génie ; mais écoutez-le encore ; il se pourroit que quand on l'accuse d'avoir passé le but, il n'eût fait que franchir les bornes ; cependant il faut blâmer Rousseau, s'il manque à cette modération sans laquelle on ne persuade pas ceux qui croient que la chaleur de l'ame nuit à la justesse de l'esprit ; il faut le blâmer, s'il n'a pas senti que le mouvement moral n'est pas soumis aux lois du mouvement physique, & qu'il n'est pas besoin de le donner plus fort qu'il ne faut, pour le communiquer au degré néceſſaire ; mais pourrois-je le trouver exagéré, ſi je partageois tous ſes ſentimens, & ſi j'adoptois toutes ſes opinions? On accuſe encore Rouſſeau d'hypocriſie, en comparant ſa conduite avec ſes principes : les actions naiſſent du caractere, & peuvent en donner l'idée ; mais les penſées viennent ſouvent par inſpiration ; & l'homme enivré par l'eſprit divin qui l'anime, n'eſt plus lui-même, quoiqu'il ſoit plus vrai que jamais, & s'abandonne entiérement au ſentiment qu'il éprouve en écrivant. Il exiſte un petit nombre de morceaux d'éloquence, dont le caractere auguſte & meſuré, calme & ferme, ſimple & noble, prouve, ſans en pouvoir douter, que leur auteur a toutes les vertus dont il parle, mais quand on ne trouveroit pas à Rouſſeau ce genre d'éloquence, quand il feroit vrai qu'il défend les plus grandes, les plus belles, les plus touchantes des vérités, avec un enthouſiaſme trop poétique, pourroit-on le ſoupçonner d'hypocrisie? Rousseau, hypocrite! Ah! je ne vois dans toute sa vie qu'un homme parlant, écrivant, agissant involontairement; ses actions ne ressembloient pas à ces principes; mais il se rendoit coupable en les appliquant faussement, plutôt qu'en les abandonnant. Il sembloit aussi quelquefois que son ame étoit épuisées par ses pensées, & qu'elle n'avoit plus le ressort nécessaire pour agir. Un homme qui l'a beaucoup vu, m'a peint souvent avec quelles délices il se livroit au repos le plus absolu. Un jour ils se promenoient ensemble sur les montagnes de la Suisse; ils arriverent enfin dans un séjour enchanteur; un espace immense se découvroit à leurs yeux; ils respiroient à cette hauteur, cet air pur de la nature, au quelle souffle des hommes ne s'est pas encore mêlé. Le compagnon de Rousseau espéroit alors que l'influence de ce lieu animeroit son génie; d'avance il l'écoutoit parler; mais Rousseau se mit tout-à-coup à jouer sur l'herbe, comme dans sa premiere enfance ; heureux d'être libre de ses sentimens & de ses pensées, il n'étoit tourmenté par aucune de ses facultés, & ce fut peut-être un des plus doux momens de sa vie. Ne le voit-on pas, dès son enfance, dans une sorte d'égarement de méditation ? ne paroît-il pas marcher comme un aveugle dans la vie, & juger de tout par ses pensées plus que par ses observations ?

Il y a des traits dans ses confessions, qui révoltent les ames nobles ; il en est dont il inspire l'horreur lui-même par les couleurs odieuses dont son repentir les charge : sans doute quelques personnes, en finissant cette lecture, ont le droit de s'indigner de ce que Rousseau se croyoit le meilleur de tous les hommes ; mais moi, ce mouvement orgueilleux de Rousseau ne m'a point éloignée de lui ; j'en ai conclu qu'il se sentoit bon. Les hommes se jugent eux-mêmes, par leur caractere, plutôt que par leurs actions ; & il n'y a que ce moyen de connoître un cœur fusceptible d'erreurs & de folies. Il est extraordinaire que Rousseau raconte les fautes de tout genre qu'il a commises ; mais si ce n'est pas toujours seulement par franchise, c'est quelquefois, je pense, un tour de force qu'il entreprend : il ressemble à ces bons écrivains, qui essayent de faire passer un mot ignoble dans la langue. J'avoue que je vois avec peine dans ses confessions, des torts qui tiennent aux habitudes de sa premiere destinée : mais l'élévation de l'ame est peut-être une qualité qu'une seule faute fait perdre ; elle naît de la conscience de soi, & cette conscience ses fonde sur la suite de toute la vie : un seul souvenir qui fait rougir trouble la noble assurance qu'elle inspire, & diminue même le prix qu'on y attache. De tous les vices, il est vrai, la bassesse est celui qui inspire le moins d'indulgence ; l'excès d'une qualité peut être l'origine de tous les autres : celui-là seul naît de la privation de toutes ; mais quoiqu'il y ait dans les mémoires de

Rousseau quelques traits qui manquent sûrement de noblesse, ils ne me paroissent d'accord ni avec son caractere, ni avec le reste de sa vie. On seroit tenté de les prendre pour des actes de folie, pour des absences de tête ; ces traits semblent en lui des bizarreries ; il n'est pas, si l'on peut le dire, l'arbre des fruits qu'il porte : c'est peut-être le seul homme qui ait été bas par momens ; car c'est de tous ses défauts le plus habituel. Ces distinctions paroîtront peut-être trop subtiles pour le justifier : je ne sais pas cependant si dans les contrastes étonnans dont les hommes donnent sans cesse l'exemple, il ne faut pas apprendre à les distinguer par des nuances fines ? Je crois aussi que quand on trouve dans la vie d'un homme des mouvemens & des actions d'une bonté parfaite, lorsque ses écrits respirent les sentimens les plus nobles & les plus vertueux ; lorsqu'il possede un langage dont chaque mot porte l'empreinte de la vérité, on lui doit de chercher le secret de ses torts, de tenir à l'admiration qu'il avoit inspirée, de la retirer lentement. Enfin les caracteres vertueux, comme les caracteres vicieux, se reconnoissent mieux par des traits de détails, que par des actions d'éclat. La plupart des hommes, en bien comme en mal, peuvent être une fois différens d'eux-mêmes.

Soit qu'on entende parler de Rousseau à ceux qui l'ont aimé, soit qu'on lise ses ouvrages, on trouve dans sa vie, comme dans ses écrits, des mouvemens, des sentimens, qui ne peuvent appartenir qu'aux ames pures & bonnes. Quand on le voit aux prises avec les hommes, on l'aime moins, mais dès-qu'on le retrouve avec la nature, tous ses mouvemens répondent à notre cœur, & son éloquence développe tous les sentimens de notre ame. Comme son séjour aux Charmettes est peint délicieusement ! comme il étoit heureux dans la paix de la campagne ! Les jeunes gens désirent ordinairement le mouvement; ils appellent fent vivacité le befoin qu'ils en ont; mais les ames vraiment ardentes le redoutent : elles prévoient ce qu'il en coûte pour quitter le repos ; elles fentent que le feu qu'on allume peut dévorer : mais Rouffeau, paifible dans fa retraite, n'éprouvoit point le défir d'exercer fon génie; rêver, aimer, fuffifoit à fes facultés. Aimer, quel que fût l'objet de fa tendreffe, c'étoit fur cet objet qu'il plaçoit fes chimeres : ce n'étoit pas à mde de Warens, c'étoit à l'amour qu'il fongeoit : fes fentimens ne le tourmentoient pas ; il n'étudioit pas dans les regards de fa maîtreffe le degré de paffion qu'il lui infpiroit ; c'étoit une perfonne à aimer qu'il lui falloit. Madame de Warens, fans s'en mêler, faifoit fon bonheur. Peut-être eft-il vrai qu'un grand-homme, dominé par le génie de la penfée, que Rouffeau fur-tout, n'a jamais éprouvé une paffion qui vînt uniquement du cœur: elle l'auroit diftrait, elle n'auroit pas fervi fon imagination. Il falloit que les facultés de

P

son esprit fussent pour quelque chose dans ses sentimens ; il falloit qu'il eût besoin de douer sa maîtresse : une femme parfaite auroit été sa meilleure amie, mais non l'objet de son amour. Je suis certaine qu'il n'a jamais fait que des choix bizarres ; je suis certaine aussi que Julie est la personne du monde dont il a été le plus épris ; c'étoit un homme qui ne pouvoit se passionner que pour des illusions : heureux si elles n'eussent pas troublé son cœur avec plus de violence que la réalité même ! Il étoit né bon, sensible & confiant ; mais lorsque cette cruelle folie de l'injustice & de l'ingratitude des hommes l'eût saisi, il devint le plus malheureux de tous les êtres : ces momens si doux de sa jeunesse, qu'il peignoit avec tant de charmes, ne se renouvellerent plus ; ses rêveries étoient des espérances ; ses rêveries devinrent des regrets. A Turin autrefois, un signe de sa jeune maîtresse ravissoit son cœur, & maintenant le salut d'un vieux invalide, qui semble ne pas le haïr, est le seul bien qu'il envie (1). Mais rappelez-vous combien, dans sa jeunesse, il estimoit les hommes! s'il a plus changé qu'un autre, c'est qu'il s'attendoit moins aux premieres lumieres qu'il fut forcé de recevoir. Eh! qui donc perd sans douleur l'aveugle bonté de sa jeunesse? qui donc perd sans douleur les riantes espérances, la douce confiance du premier âge de la vie? Rousseau n'a pu le supporter: mais quelle est l'ame sensible dont le cœur se resserre sans peine, & dont l'imagination ne se décolore pas avec regret?

L'on a souvent accusé Rousseau d'être

―――――――――――――――――

(1) On se souvient du tableau charmant que Rousseau fait, dans ses confessions, de madame Basile, marchande à Turin, qui lui fit signe avec le doigt dans une glace, de se mettre à genoux devant elle; & dans son dialogue insensé de *Jean-Jacques avec Rousseau*, du transport qu'il éprouva lorsqu'un vieux invalide le salua, *n'étant pas encore entré*, dit-il, *dans la conjuration générale contre moi.*

né ingrat ; mais je ne fais pas s'il est vrai que son éloignement pour les bienfaits en soit une épreuve. Peut-être est-il des cœurs qui sentent trop ce qu'exige la reconnoissance pour se soumettre à la devoir à ceux qu'ils n'aiment pas ; peut-être en est-il aussi qui trouvent plus de charme dans le sentiment, lorsqu'il naît d'un attrait invincible, d'un choix volontaire, qu'aucun devoir ne commande. On peut craindre que la reconnoissance n'inspire pas assez d'attachement pour ceux qui nous étoient indifférens ; on peut craindre qu'elle ne se mêle trop aux sentimens que nous éprouvons pour nos amis; enfin ce fier amour de l'indépendance me paroît noble s'il s'applique aux étrangers, & délicat, s'il regarde les objets de nos affections. Heureux celui qui n'a jamais eu besoin des autres que par le cœur, qui ne s'est soumis que parce qu'il aimoit, & sur qui personne, excepté les auteurs de ses jours, n'eut jamais d'autres droits que ceux qu'ils reçurent de sa tendresse!

Rousseau, il est vrai, en se faisant un système de ses principes, avoit le ridicule de toutes ses qualités, & souvent même le tort dont elles approchent alors qu'on les exagere ; mais l'ostentation même de cette haine pour les bienfaits a de tels avantages, les preuves qu'il faut en donner sont si claires & si rares, qu'on pourroit sans danger se permettre aujourd'hui d'exciter en ce genre la vanité des hommes (1).

On a reproché à Rousseau, car celui que toutes les ames sensibles devoient défendre comme leur propre cause, a trouvé bien des accusateurs; on a reproché à Rousseau d'avoir le désir de se singulariser : est-ce celui qui obtenoit à son gré la palme de la gloire, qui pouvoit souhaiter de se signaler par des bizarreries; & quand la supériorité de son génie

---

(1) Est-il possible de ne pas admirer la noble fierté avec laquelle le pauvre Rousseau de Geneve refusa constamment la pension que le Roi d'Angleterre lui offroit ?

le rendoit si extraordinaire ; peut-on croire qu'il cherchoit à l'être par une originalité puérile ? Il vouloit, dit-on, se faire remarquer de toutes les manières possibles ; & jamais homme n'a tant aimé la solitude ! voyez comme il étoit heureux pendant le temps qu'il passa dans l'isle Saint-Pierre ! séjour charmant ! asyle délicieux ! c'est-là que l'ame de Rousseau erre encore ; c'est dans les lieux qui exciterent ses pensées, qu'il faut aller rendre hommage à sa mémoire : que les ames sensibles conçoivent aisément le bonheur qu'on goûtoit dans cette retraite ! Rousseau s'y livroit à ses profondes méditations ; mais d'autres auroient pu s'y abandonner à leurs rêveries ; & tandis qu'il réfléchissoit sur le temps, le monde & la vie, une femme malheureuse eût laissé le calme de la nature pénétrer doucement jusqu'à son cœur.

Les hommes sont peut-être plus faits pour la solitude qu'ils ne pensent. Vers le milieu de la vie, on pourroit s'y trouver heureux ; on ne feroit plus attiré dans le monde par l'espérance ; on porteroit dans la retraite des souvenirs qui rempliroient la pensée, & la mort seroit encore trop éloignée pour sentir le besoin de s'entourer de vivans.

Rousseau fuyoit ce qu'on appelle la société ; mais il aimoit les paysans, & le mouvement que la vue des hommes répand dans la campagne lui plaisoit. Les habitans de l'isle Saint-Pierre l'adoroient; ils étoient frappés de sa bonté ; les malheureux sont si doux dans un moment de repos ! Rousseau, ravi des simples mœurs de ces paysans, s'abandonnoit de nouveau à sa première estime pour les hommes ; il les retrouvoit semblables à l'idée qu'il s'en étoit faite : il montroit pour les enfans une prédilection extrême ; il avoit tant le besoin d'aimer, que son cœur s'y livroit quand l'objet seulement ne s'y opposoit pas ! pourquoi donc, dans les jardins d'Ermenonville, ne fut-il pas heureux comme dans l'isle Saint-

Pierre ? pourquoi donc, hélas! est-ce dans ce séjour qu'il a terminé sa vie? Ah! vous qui l'accusiez de jouer un rôle, de feindre le malheur, qu'avez-vous dit quand vous avez appris qu'il s'est donné la mort? (1) C'est à ce prix que les hom-

---

(1) On sera peut-être étonné de ce que je regarde comme certain que Rousseau s'est donné la mort. Mais le même Génevois dont j'ai déjà parlé, reçut une lettre de lui quelque temps avant sa mort, qui sembloit annoncer ce dessein. Depuis, s'étant informé avec un soin extrême de ses derniers momens, il a su que le matin du jour où Rousseau mourut, il se leva en parfaite santé, mais dit cependant qu'il alloit voir le soleil pour la dernière fois, & prit, avant de sortir, du café qu'il fit lui-même. Il rentra quelques heures après, & commençant alors à souffrir horriblement, il défendit constamment qu'on appelât du secours & qu'on avertît personne. Peu de jours avant ce triste jour, il s'étoit apperçu des viles inclinations de sa femme pour un homme de l'état le plus bas : il parut accablé de cette découverte, & resta huit heures de suite sur le bord de l'eau dans une méditation profonde. Il me semble que si l'on réunit ces détails à

mes

mes lents à plaindre les autres, croient à l'infortune. Mais qui put infpirer à Rouffeau un deffein fi funefte ? c'eft m'a-t-on dit, la certitude d'avoir été trompé par la femme qui avoit feule confervé fa confiance, & s'étoit rendue néceffaire en le détachant de tous fes autres liens. Mais peut-être auffi que les longues rêveries finiffent par plonger dans le défefpoir ; les premiers jours font raviffans ; l'on fe trouve, l'on jouit de fes fentimens & de fes penfées : mais peut-on fixer long-temps la deftinée de l'homme, fans tomber dans la mélancolie ? mais fur-tout y a-t-il des têtes affez fortes pour fupporter la vie inactive & la contemplation habituelle. Rouffeau accroiffoit par la réflexion toutes les idées qui l'affligeoient ; bientôt un regard, un gefte d'un homme

---

fa triftesse habituelle, à l'accroiffement extraordinaire de fes terreurs & de fes défiances, il n'eft plus poffible de douter que ce grand & malheureux homme n'ait terminé volontairement fa vie.

Q

qu'il rencontroit, un enfant qui s'éloignoit de lui, lui parurent de nouvelles preuves de cette haine univerfelle dont il fe croyoit l'objet : mais, malgré cette cruelle défiance, il eft toujours refté le meilleur des hommes. Il croyoit que tout ce qui l'environnoit confpiroit à lui faire du mal, & jamais la penfée de le rendre ou de le prévenir n'eft entrée dans fon ame. Il fe croyoit deftiné à fouffrir, & n'agiffoit pas contre fa deftinée. J'ai vu des hommes qu'il avoit aimés, dont il s'étoit féparé, s'attendrir au fouvenir de leur liaifon, s'accufer de négligences qui avoient pu faire naître les foupçons de Rouffeau, l'aimer dans fon injuftice, regarder enfin le genre de folie qui le tourmentoit comme étrangere à lui, comme une barriere qui empêchoit de fe rapprocher, mais non de fouhaiter de le rejoindre. Les défians, tels qu'on les voit dans le monde, apprennent à juger les hommes d'après ce qu'ils font eux-mêmes; ils fe craignent dans les autres : mais Rousseau n'étoit défiant que parce qu'il ne croyoit plus au bonheur, parce qu'il avoit été tellement convaincu de la parfaite bonté des hommes que, forcé de n'y plus croire, rien ne lui paroissoit plus certain sur la terre : il l'étoit aussi, parce que sa sublime raison sur les plus grands sujets ne l'empêchoit pas d'être dominé par une idée insensée, de penser qu'il étoit détesté par tous les hommes. Ah ! que je trouve durs ceux qui disent qu'il falloit bien de l'orgueil pour se croire ainsi l'objet de l'attention universelle ! Quel triste orgueil, que celui qui le portoit à penser qu'il n'existoit pas sur la terre un être qui ne ressentît de la haine pour lui ! Ah ! pourquoi n'a-t-il pas rencontré une ame tendre qui eût mis tous ses soins à le rassurer, à relever son courage abattu ; qui l'eût aimé profondément ! il eût fini par le croire : le sentiment auquel l'amour-propre ni l'intérêt ne se mêlent point est si pur, si tendre & si vrai, que chaque mot le prouve ; chaque mouvement ne permet plus d'en douter. Ah ! Rousseau, qu'il eût été doux de te rattacher à la vie, d'accompagner tes pas dans tes promenades solitaires, de suivre tes pensées, & de les ramener par degrés sur des espérances plus riantes ! Que rarement on sait consoler les malheureux ! qu'on se met rarement au ton de leur ame ! on oppose sa raison à leur égarement, sans sang-froid à leur agitation, & leur confiance s'arrête, & leur douleur se retire plus avant encore dans leur cœur. Ne cherchez pas à leur prouver qu'ils n'ont pas de vrais sujets de peines ; offrez-leur plutôt quelques nouveaux moyens de bonheur : laissez-les croire à l'infortune qu'ils sentent : les consolerez-vous, en leur apprenant que le malheur qui les accable n'est pas digne de pitié ! Ah ! si la perte d'un objet passionnément aimé eût causé la tristesse de Rousseau, je ne m'affligerois pas de ce qu'il a péri fans confolations, de ce qu'un être fenfible ne lui a pas confacré fa vie ! Quelles paroles d'efpérance peut-on faire entendre à celui qu'un femblable malheur a frappé ? que fait-il fur la terre, qu'attendre la mort ? quelles expreffions de tendreffe peut-on lui adreffer ? un autre les a prononcées ; il s'en fervoit pour un autre ; elles le font treffaillir de douleur. Quelle fociété vaut pour lui le fouvenir qui ne quitte pas fon cœur ? quelles jouiffances pourroit-il avoir, fans fentir le regret de les éprouver feul ? Non, à ce malheur, quand le cœur en connoît l'étendue, la providence ou la mort peuvent feules fervir de confolation. Mais le défefpoir de Rouffeau fut caufé par cette fombre mélancolie, par ce découragement de vivre, qui peut faifir tous les hommes ifolés, quelle que foit leur deftinée. Son ame étoit flétrie par l'injuftice ; il étoit effrayé d'être feul, de n'avoir pas un cœur près du fien, de retomber fans ceffe fur lui-même, de n'infpirer ni de reffentir aucun intérêt, d'être indifférent à fa gloire, laffé de fon génie, tourmenté par le befoin d'aimer, & le malheur de ne pas l'être. Dans la jeuneffe, c'eft du mouvement qu'on cherche, c'eft de l'amour qu'il faut ; mais vers le déclin de la vie, que ce befoin d'aimer eft touchant ! qu'il prouve une ame douce & bonne, qui veut s'ouvrir & s'épancher, que la perfonalité fatigue, & qui demande à fe quitter pour vivre dans un autre ! Rouffeau étoit auffi tourmenté par quelques remords ; il avoit befoin de fe fentir aimé pour ne pas fe croire haïffable. Etre deux dans le monde, calme tant de frayeurs ! les jugemens des hommes & de Dieu ne fufpendront pas feul. Rouffeau s'eft peut-être permis le fuicide fans remords ; il fe trouvoit fi peu de chofe dans l'immenfité de l'univers ! on fait fi peu de vuide à fes propres yeux, quand on n'occupe pas de place dans un cœur qui nous furvit, qu'il eft poffible de compter pour rien la vie. Quoi ! l'auteur de Julie eſt mort pour n'avoir pas été aimé ! Un jour, dans ces ſombres forêts, il s'eſt dit : *Je ſuis iſolé ſur la terre, je ſouffre, je ſuis malheureux, ſans que mon exiſtence ſerve à perſonne : je puis mourir.* Vous qui l'accuſiez d'orgueil, ſont-ce des ſuccès qui lui manquoient ? n'en pouvoit-il pas acquérir chaque jour de nouveaux ? Mais avec qui les eût-il partagés ? qui en auroit joui pour l'en faire jouir. Il avoit des admirateurs, mais il n'eut pas d'amis. Ah ! maintenant un inutile attendriſſement ſe mêle à l'enthouſiaſme qu'il inſpire ! ſes ouvrages, ſi remplis de vertus, d'amour de l'humanité, le font aimer quand il n'eſt plus ; & quand il vivoit, la calomnie retenoit éloigné de lui ; elle triomphe juſqu'à la mort, & c'eſt tout ce qu'elle demande. Que le ſéjour enchanteur où ſa cendre repoſe s'accorde avec les ſentimens que ſon ſouvenir inſpire ! cet aſpect mélancolique prépare doucement au recueillement du cœur

que demande l'hommage qu'on va lui rendre. On ne lui a pas élevé en marbre un fastueux mausolée ; mais la nature sombre, majestueuse & belle, qui environne son tombeau, semble un nouveau genre de monument qui rappelle & le caractere & le génie de Rousseau: c'est dans une isle que son urne funéraire est placée : on n'en approche pas sans dessein, & le sentiment religieux qui fait traverser le lac qui l'entoure, prouve que l'on est digne d'y porter son offrande. Je n'ai point jeté des fleurs sur cette triste tombe : je l'ai long-temps considérée les yeux baignés de pleurs : je l'ai quittée en silence, & je suis restée plongée dans la profondeur de la rêverie ! Vous qui êtes heureux, ne venez pas insulter à son ombre ! laissez au malheur un asyle où le spectacle de la félicité ne le poursuive pas. On s'empresse de montrer aux étrangers qui se promenent dans ces bois, les sites que Rousseau préféroit, les lieux où il se reposoit long-
temps,

temps, les inscriptions de ses ouvrages ; d'Héloïse sur-tout qu'il avoit gravées sur les arbres ou sur les rochers. Les paysans de ce village se joignent à l'enthousiasme des voyageurs par des louanges sur la douceur, sur la bienfaisance de ce pauvre Rousseau. *Il étoit bien triste*, disent-ils, *mais il étoit bien bon.* Dans ce séjour qu'il a habité, dans ce séjour qui lui est consacré, on dérobe à la mort tout ce que le souvenir peut lui arracher; mais l'impression de sa perte n'en est que plus terrible : on le voit presque, on l'appelle, & les abymes répondent. Ah ! Rousseau ! défenseur des foibles, ami des malheureux, amant passionné de la vertu, toi qui peignis tous les mouvemens de l'ame, & t'attendris sur tous les genres d'infortune ; digne à ton tour de ce sentiment de compassion, que ton cœur sut si bien exprimer & ressentir, puisse une voix digne de toi s'élever pour te défendre ! & puisque tes ouvrages ne te garantissent pas des traits de la calomnie, puisqu'ils ne suffisent pas à ta justification, puisqu'on trouve des ames qui résistent encore aux sentimens qu'ils inspirent pour leur auteur, que l'ardeur de te louer enflamme du moins ceux qui t'admirent!

Les larmes des malheureux effacent chaque jour les simples inscriptions que l'amitié fit graver sur la tombe de Rousseau. Je demande que la reconnoissance des hommes qu'il éclaira, des hommes dont le bonheur l'occupa toute sa vie, trouve enfin un interprete ; que l'éloquence s'arme pour lui, qu'à son tour elle le serve. Quel est le grand homme qui pourroit dédaigner d'assurer la gloire d'un grand homme ? Qu'il feroit beau de voir dans tous les siecles cette ligue du génie contre l'envie! que les hommes supérieurs, qui prendroient la défense des hommes supérieurs qui les auroient précédés, donneroient un sublime exemple à leurs successeurs! le monument qu'ils auroient élevé serviroient un jour de piédestal à leur statue ! Si la calomnie osoit aussi les attaquer, ils auroient d'avance mis en défiance contre elle, émoussé ses traits odieux ; & la justice que leur rendroit la postérité, acquitteroit la reconnoissance de l'ombre abandonnée dont ils auroient protégé la gloire.

FIN.